LA
NAISSANCE
D'HERCVLE,
OV
L'AMPHYTRION

Repreſenté par les Machines du
Theatre Royal.

A PARIS,
chez ANTOINE DE SOMMAVILLE, au Palais, dans la ſalle des
Merciers, à l'Eſcu de France.

M. DC. L.
AVEC PRIVILEGE DV ROY.

A

HAVT ET PVISSANT
SEIGNEVR
MESSIRE ROGER DV PLESSIS,
Marquis de Liancour, de Mont-Fort le Rotrou,
& de Guercheuille, Comte de la Roche-Guyon, &
de Beaumont sur-Oyse, Cheualier des Ordres du
Roy, Conseiller de ses Conseils d'Estat & Priué, &
Premier Gentil-homme de la Chambre du Roy.

MONSIEVR,

Sans faire l'Autheur, & sans chercher de belles paroles pour farder vne vie, qui de soy possede tous les

ã ij

ornemens qu'on luy peut donner ; I'ofe vous dire (&
c'eſt vne verité que rien ne ſçauroit contredire, que voſtre modeſtie), Que de toutes les perſonnes de voſtre
condition, il n'y en a point dont la vertu ſoit plus confirmée, ny la reputation plus iuſte que la voſtre : auſſi
de toutes mes ambitions la plus forte eſtoit celle d'a-
uoir l'honneur d'eſtre veu fauorablement d'vn homme que toute la Cour du plus grand Roy de la terre,
voit auec reſpect, & admiration. Ie dois cette faueur
à vne perſonne de qualité, qui me procura le bien de
vous faire la reuerence, & certes des infinies obliga-
tions, qui me font eſtre paſſionément ſon ſeruiteur,
celle-la eſt la plus grande, quoy que les autres ſoient
extrémes. Ie ne treuuay point en vous, cette ſeuere
vertu qui ſe reſerue pour les perſonnes qui la meritent,
voſtre courtoiſie, & voſtre bonté m'honorerent du
plus doux acceuil que ie pouuuois eſperer, & vos
ciuilités me feirent ſortir ſi vain de chez vous, que ie
doutois, ſi i'auois rendu la viſite, ou ſi ie l'auois receuë.
Il eſt dangereux de ſe voir loüer par toutes ſortes de
plumes, & il n'appartient pas aux mauuais Peintres,
d'entreprendre de beaux viſages, il n'eſt point d'art ſi
delicat que celuy de la loüange, ſi elle ne releue ſon
object, elle l'abbaiſſe, & ſi elle n'adiouſte à ſa gloire,
elle luy en oſte. Il faut des Homeres pour des Achilles,
& des Plines pour des Trajans. C'eſt à dire, Monſieur,
que ie laiſſe à des bouches plus hardies que la mienne,

EPISTRE.

l'entreprise de vous loüer, & que mes forces sont autant au dessous de vostre merite, que de la passion que i'ay pour vostre seruice, & cependant pour recognoistre en quelque sorte l'affection que vous m'auez faict l'honneur de me resmoigner, i'ose vous prier, Monsieur, d'accepter ce mauuais present, & de receuoir chez vous deux plaisans, qui uous diuertiront peut-estre assez agreablement, & délasseront quelque-fois vostre esprit de la peine de la Cour. Ie suis tesmoing de la faueur que vous leur auez faicte de les estimer & la premiere fois que vous les veistes, vous me feistes l'honneur de me dire que vous alliez parler d'eux au Roy, c'est de cette obligation qu'ils vous viennent rendre grace, auec ordre de leur autheur, de vous prier de luy permettre,

MONSIEVR,

la qualité de

Vostre tres-humble, & tres-
obeissant seruiteur,
ROTROV.

Extrict du Priuilege du Roy.

PAr grace & Priuilege du Roy donné à Paris le 7. Feurier, 1637. Signé, Par le Roy en son Conseil. DE MONÇEAVX, Il est permis à ANTHOINE DE SOMMAVILLE, Marchand Libraire à Paris, d'imprimer ou faire imprimer, vendre & distribuer vne piece de Theatre, intitulee *Les SOSIES Comedie de Monsieur de Roirou*, durant le temps & espace de neuf ans à compter du iour qu'elle sera acheuee d'imprimer. Et deffences son faittes à tous Imprimeurs, Libraires, & autres de contrefaire ladite piece, ny en vendre ou exposer en vente de contrefaicte, à peine de trois mil liures d'amande, de tous ses despens, dommages & interests, ainsi qu'il est plus amplement porté par lesdites Lettres qui sont en vertu du present Extraict tenuës pour bien & deuëment signifiees, à ce qu'aucun n'en pretende cause d'ignorance.

Acheué d'Imprimer le 25. Iuin mil six cens trente huict.

Les Exemplaires ont esté fournis.

ACTEVRS.

IVNON,	faisant le prologue.
IVPITER,	sous la ressemblance, d'Amphytrion.
MERCVRE,	sous la ressemblance. de Sosie.
AMPHYTRION,	mary d'Alcmene.
ALCMENE,	femme d'Amphytrion.
CEPHALIE,	suiuante d'Alcmene.
SOSIE,	Valet d'Amphytrion.
LESCAPPITAINES,	

LES SOSIES

COMEDIE.

PROLOGVE.

IVNON. en terre.

SOEVR *du plus grand des Dieux, (car*
ce nom seul me reste)
Honteuse , ie descends de la voute Celeste,
Et vefue d'vn Epoux qui ne mourra
iamais,
Le fuis, puis qu'il me fuit, & luy laisse la paix;
Les maistresses , enfin, l'emportent sur l'épouse,
Elles sont les Iunons, & ie suis la ialouse,
Il me prescrit la terre, & leur marque les cieux,

A

Et du bras qu'il leur tend, il me pousse en ces lieux.
Ses premieres amours, cette fille profane,
Que dessous les habits, & le nom de Diane,
(Diane, qui preside à la virginité,)
Ce traistre despouilla de cette qualité,
N'y regne-t'elle pas sous la forme d'vne Ourse,
Et son mal, de son bien, ne fut-il pas la source ;
Quel fruit eut mon courroux de transformer son corps,
Elle occupe le ciel, & m'en voicy dehors,
Ma vengeance profite aux obiets de ma hayne,
Et i'établis leur gloire, en méditant leur peine,
Sur ce trosne éternel, les sept filles d'Atlas,
A ma confusion ne brillent elles pas ?
Des pudiques, la gloire est deuë aux vicieuses,
Et le crime de trois, en fit sept glorieuses.
Vis-ie pas, qu'à ma honte Ariadne y monta
Par la faueur du fils dont Sémele auorta ;
Les deux Astres Iumeaux, que l'Ocean reuere,
N'y triomphent-ils pas du peché de leur mere ?
L'honneur ne conduit plus en ces champs azurez,
Les vices, auiourd'huy, s'en sont faits les degrez,
Ou la vertu regna, le des-honneur habite,
Et le crime à le prix, qu'eut iadis le merite ;
Mais, que ma plainte, à tort, r'ameine les vieux ans,
Ou le temps luy fournit des obiets si presens ;
Alcmene ira bien-tost y posseder la place,
Que sans doute des-ia, ce perfide luy trace,

Des-ia, ie croy l'y voir en pompeux appreil,
Venir remplir vn lieu, plus haut que le Soleil,
D'vn regard dédaigneux brauer ma ialousie,
Et riante, à mes yeux sauourer l'ambrosie;
C'est ce superbe obiet de mon iuste courroux,
Qui tire de mon lict cét adultere époux,
Qui comblant de faueurs son ardeur effrenée,
M'oste les saincts baisers qu'il doit à l'Hymenée.
C'est d'elle, (si du sort qui regit l'Vniuers
Les liures eternels à mes yeux sont ouuerts,)
C'est d'elle que va naistre vn Heros indomptable,
Vn Alcide, vn prodige aux Monstres redoutable,
Qui seul doit plus que tous obscurcir mon renom,
Et qui seul doit regner au mespris de Iunon.
Combien dure la nuict, qui le promet au monde?
Le Soleil par respect, n'oze sortir de l'Onde,
Et par solemnité, la courriere des Mois,
Contre l'ordre des nuicts, n'en fait qu'vne de trois;
Ainsi, pour honorer, ce qui me deshonore,
Le Ciel mesme fléchit, le iour ne peut éclore,
Et pour vn fruict honteux, de baisers criminels,
La nature interrompt ses ordres eternels.
Mais qu'il naisse, & cõmence vne incroyable histoire,
Sa peine auec vsure achéptera sa gloire,
Le noir seiour des morts, l'air, la terre, le ciel
Vomiront contre luy, tout ce qu'ils ont de fiel,
Mortel, il est l'obiet d'vne immortelle hayne,

A ij

außi-toſt, que ſes iours, commencera ſa peine,
Les lyons, les ſerpens, les hydres, les taureaux
Seront de ſon repos les renaiſſants bourreaux,
Et ie regretterois vne heure de ſa vie,
Qui d'vn nouueau trauail, ne ſeroit pourſuiuie;
Ie ſçay que ſon courage, égal à ſon malheur,
Rempliral'Vniuers du bruict de ſa valeur;
Que lyon, plus lyon que tous ceux de Nemée,
Il laſſera ma hayne, à ſa perte animée,
Ie ſçay que ſes effets paſſeront mes deſſeins,
Que mes yeux ſeront las, bien plutoſt que ſes mains,
Qu'il acheuera plus, que ie ne delibere,
Et que par ſes exploits, il prouuera ſon pere,
Mais que des enfers meſme, il ſorte glorieux.
Que ſecond Encelade il attaque les Cieux,
Et mette la frayeur au ſein du Dieu de Thrace;
Mon ſeul reſſentiment, ma ſeule paßion,
Scaura bien triompher de ſon ambition;
D'autres armes manquant à ma fureur extréme,
Ie n'oppoſeray plus que luy-meſme, a luy-meſme,
Luy-meſme il ſe vaincra, s'il naiſt pour vaincre tout,
De ce dernier ouurage, il viendra bien à bout;
Ie veux qu'il ayt enſemble, & la gloire, & la honte,
Qu'au rang de ſes vaincus, quelque iour on le conte,
S'il triomphe de tout, & ſi pour ſon trépas
Tout autre eſt impuiſſant, il ne le ſera pas;
Luy-meſme, contre luy, ſeruira ma cholere,

Mieux qu'hydre, que serpens, que lyon, que cerbere,
Et ne laissera pas à la Posterité,
L'audace d'attenter, à la diuinité,

FIN DV PROLOGVE.

ACTE I.

SCENE PREMIERE

LA NVICT.

MERCVRE.

VIERGE, *Reyne des mois, & des*
feux inconstants,
Qui president au cours, de la moitié du
temps,
Lune, marche à pas lents, laisse dor-
mir ton frere,
Tien le frein aux courreurs qui tirent ta litiere,
Cependant que mon pere enyuré de plaisirs,
Au sein de ses amours le lâche a ses desirs.
Prette auec moy, ton ayde à cette iouyssance,
Et de ta chasteté ne prend point de dispence;

Absolu comme il est sur tous les autres Dieux,
A nostre obeyssanceil doit fermer les yeux.
Le rang des vicieux oste la honte aux vices,
Et donne de beaux noms à de honteux offices;
C'est Eloquence a moy, que de seruir ses feux,
Que de persuader les obiets de ses vœux
Et mon nom est celuy de messager du Pole,
Qui de mon pere en terre apporte la parole.
Retarde en sa faueur la naissance du iour,
Mais, Sosie en ces lieux auance son retour,
Pour seruir Iupiter, cessons d'estre Mercure,
Allons de ce valet emprunter la figure,
Et troublons son esprit d'vn si plaisant soucy,
Que s'ignorant soy-mesme, il s'esloigne d'icy.

SCENE DEVXIESME

SOSIE, seul, vne lanterne à la main.

Qvelle temerité pareille à mon audace,
Pourroit entrer au sein du Dieu mesme de
Thrace?
A quelle complaisance vn serf est-il réduit,
Qu'il faille marcher seul, à telle heure de nuict.

LES SOSIES.

Si du Guet par hazard la rencontre importune,
Se treuue sur mes pas, Quelle est mon infortune?
Mon innocence alors, vesue de tout secours
Employra vainement, & raison, & discours,
Ces Gens pour mon malheur trop plains de courtoisie,
Me voudront receuoir contre ma fantaisie,
Et croyant me traitter bien honorablement
De la maison du Roy, feront mon logement.
Le plaisir de mon Maistre à ce malheur m'expose,
Son imprudence ainsi de mes heures dispose,
A ses commandemens le iour ne suffit pas,
Il luy plaist que la nuict exerce encor mes pas,
Quelque mal qui m'arriue, il croit tout raisonnable
A qui semble estre nay, pour estre miserable;
Chez les grands, le Seruage est plus rude, en ce poinct,
Qu'aux forces, le trauail ne s'y mesure point,
Qu'on n'y distingue point le droit de l'iniustice,
Et qu'il faut que tout ploye au gré de leur caprice;
Leur esprit franc de soings en son oysiueté
Treuue à tous nos trauaux de la facilité,
Et sans considerer iour, nuict, chaud, ny froidure,
Veille, course, ny peine à leur aduis n'est dure.
Mais dessus son malheur si long-temps mediter,
Au lieu de l'amoindrir, ne fait que l'irriter,
Il est plus à propos, que mon humble pensee,
Compagne de mes vœux, vers le Ciel soit dressée
Et que ie reconnoisse auec sousmission,

Les

Les biens que nous tenons de sa protection;
Certes en ce combat, contre toute apparence,
Ses faueurs ont de loing passé nostre esperance;
Tous ont executé, plus qu'ils n'auoient promis,
Chaque coup, mettoit bas, vn de nos ennemis,
Et mon maistre à nous voir les destins si propices,
A douté, si des Dieux marchoient sous ses auspices,
Des rebelles enfin, l'esperance est à bas,
Creon est r'étably dedans tous ses états,
Et mõ maistre vaincœur, m'enuoye à ma maistresse,
Annoncer cette heureuse, & commune allegresse.

SCENE TROISIESME.

MERCVRE, en habit & visage de Sosie.
SOSIE.

MERCVRE.

INspiré de mon pere à qui tout est connu,
Representons celuy que ie suis de uenu.
Le voicy, qui resueur, sa harangue étudie.

SOSIE.

Mais consultons vn peu ce qu'il faut que ie die,
Car, ie fuyois plus fort, au plus fort du combat,
Et de frayeur encor, le cœur au sein me bat.

Plus leurs bras s'employoient, à ce sanglant office,
Plus mes iambes aussi, se donnoient d'exercice,
Ie mesurois mes pas, à l'ardeur de leurs coups.
Et la peur m'animoit, autant qu'eux le courroux.

MERCVRE.

Ce menteur éternel, à soy seul imitable,
Vne fois pour le moins se treuue veritable.

SOSIE.

N'obmettons rien pourtant, dont on puisse iuger,
Que i'aye esté present, au plus pressant danger,
Et ce que ie n'ay veu, que par les yeux des autres,
Iurons impudemment, de le tenir des nostres.
Auisons-en nous mesme, à parler à propos.
Ie feray mon recit, a peu prés, en ces mots.
Madame, Amphytrion (arriués que nous sommes)
Entre les principaux, a fait choix de deux hommes,
Gens de cœur, & zelés sur tous les Citoyens,
Pour enuoyer d'abord, vers les Teleboyens:
Tous deux, partent du Camp, auec ordre d'apprendre,
Si Pterele, pretend, ou se perdre, ou se rendre,
S'il veut par son deuoir se procurer la paix:
Ou s'il veut, que du bruit, nous passions aux effets.
Mais en luy, ces herauts treuuent vne ame altiere,
Qui de nostre fureur augmente la matiere.
D'vne audace effrontée, il repart aigrement,

Qu'il treuuera sa paix , en nostre monument,
Qu'il a depuis long-temps , appris de son courage,
A ne s'effrayer pas d'vn si leger orage ,
Et que ses gens , & luy , vieillis dans les hazards,
Verroient sans peur le foudre , aux mains mesme de
    Mars.
Mon maistre , à ce rapport , fait sortir nostre armée,
D'vn funeste flambeau la guerre est allumée ,
Les drappeaux déployez , chacun marche en son rang
Et ne respire plus , que carnage , & que sang,
L'ennemy d'autre part , en superbe équipage
L'impatience aux mains , & l'audace au visage,
Sort l'enclos de sa ville , & par vn vain orgueil,
Semble sur ses ramparts marquer nostre cercueil,
D'vn , & d'autre costé les trompettes resonnent,
La terre d'alentour rend les airs qu'elles sonnent,
A ce bruit éclattant , le cœur croist aux soldats,
Et cette noble ardeur leur fait croistre le pas,
Les Chefs , des deux partis , aprés quelques prieres,
Par qui chacun se croit , rendre les Dieux prosperes,
Sollicitent leur gens , & marchent à la fois,
Mais font mieux par l'exēple , encor que par la voix,
Alors , tout ce qu'on a d'adresse , & de courage,
En ce pressant besoing , on le met en vsage,
L'effet de la promesse , en l'ouurage se voit,
Le sang dérobe au fer la lueur qu'il auoit,
Il tombe par ruisseaux , il coule à chaque atteinte,

                       B ij

L'herbe en prend la couleur, & la terre en est teinte,
Chaque arme, à chaque choc, produit autant d'éclairs,
Le bruit en retentit dans le milieu des airs,
Et cét humide lieu, non sans raison s'étonne,
Que hors de son espace, il pleuve, éclaire & tonne,
La victoire à la fin se déclare pour nous,
Il tombe autant de corps, que nous portons de coups,
Le mort, & le mourant, pesle-mesle s'entasse,
Mais, leur trépas est beau, chacun meurt en sa place,
L'ordre est en ce desordre, & de ces nobles cœurs,
Le courage Héroïque étonne les Vaincœurs.
Auec nous leur vertu, leur partage la gloire,
Mais la force, & le sort nous donnent la victoire,
Nos efforts sont suiuis, d'un prospere succés,
Et nostre joye alors, va jusques à l'excés.

MERCVRE.

Certes, la verité (hors de ce qui le touche)
Sort nuement, & sans art, de sa prophane bouche,
Car nous vismes du Ciel, les deux camps se heurter,
Mon pere y mist la main.

SOSIE

               J'oubliois d'adjouster,
Que le plus noble exploit qui finit la querelle,
Fut celuy de mon Maistre, en la mort de Pterele,
Sa main, rougee du sang, de ce superbe Roy,

Remplit ce qui resta de terreur & d'effroy,
L'espoir abandonna ces Genereuses ames,
Et lors, nos Gens sans peine acheuerent leur trames,
Enfin, ce grand combat, finit auec le iour;
Mais iamais le Soleil ne fit vn si long tour;
Quelqu'heureux qu'il nous fut, il me fut vne année,
Car ie ne mangay point, de toute la iournée,
Ie fus du rang des morts, & la faim en effet,
Me fit autant mourir, que le fer auroit fait.
En ces mots, à peu prés, ie feray ma harangue,
Certes, ie n'ozois, tant esperer de ma langue,
Elle a fait son deuoir, en cette occasion,
Et n'a rien entrepris à ma confusion.
Marchons donc, ie m'amuse, & ma charge me presse,
D'aller de ce recit, réjoüir ma Maistresse.

MERCVRE.

Prenons de sa figure, & de son propre nom,
Le droict de le chasser de sa propre maison:
Mettons, feintes, serments, & malice en vsage,
Representons ses mœurs, ainsi que son visage;
Battons-le de ses traits: mais pourquoy dans les cieux,
D'vn si fixe regard attache-t'il ses yeux.

SOSIE,   regardant le Ciel.

Par quelle yurongnerie, ou quel plaisant caprice,
A, le Dieu de la nuict oublié son office.

Il semble que ces feux cloüez au firmament,
Contre leur naturel n'ayent plus de mouuement,
Ie ne voy deualer dans leurs grottes liquides,
Orion, ny Vesper, ny les sept Atlantides :
La Lune semble fixe, & jamais le Soleil
Si leur cours est salent, ne rompra son sommeil.

MERCVRE.

Acheue, heureuse nuict, d'obeïr à mon pere,
Et de long-temps encor, ne finy ta carriere.

SOSIE.

Amants, que cette nuict vous veut fauoriser.

MERCVRE.

Mon pere en fait l'épreuue, & sçait bien en vser.

SOSIE.

Autre ne fut jamais de si longue durée,
Qu'vne, ou de mille coups, j'eus la peau dechirée,
Ou cent valets sur moy, se lasserent les bras ;
La Lune, pour me voir arresta court ses pas,
De vray, cette premiere, estoit plus longue encore,
Et ie desesperois du retour de l'Aurore.
I'arriue, enfin chez nous, entrons, nous y voicy :
Mais, à l'heure qu'il est, que fait cét homme icy ?

MERCVRE.

Il est poltron, au poinct, où plus on le peut estre.

SOSIE.

Ie crains bien, pour ma bourse vn changement de
    maistre.

MERCVRE

Il tremble,

SOSIE.

     Et ie conçoy, du bruit que font mes dents,
Vn presage asseuré de mauuais accidents.
Cét homme officieux, s'étonnant que ie veille,
Quand si profondement, tout le monde sommeille,
Soigneux de mon repos, plus qu'il n'en est besoing,
Me va faire dormir, sans doute, à coups de poing.
Combien de ce repos, la crainte me trauaille,
Dieux! quel homme voila, quel port, & quelle taille!

MERCVRE.

Pour accroistre sa peur, menaçons, parlons haut,
Sus mes poings, donnés moy le repas qu'il me faut,
Faictes vn compagnon de sort, & de disgrace,
Aux quatre hômes, qu'hyer, i'assommay sur la place,
Ils sçeurent, qu'au besoing, vous estes bons & lourds,

SOSIE.

Ie feray le cinquiesme ! ô malheur de mes iours!

MERCVRE,

De voftre premier coup, ne laiffés dents en bouche;

SOSIE.

Hé ! de quoy donc manger? ie fuis mort, s'il me touche;

MERCVRE.

Voicy de la matiere, à voftre noble ardeur,
Ie fens icy quelqu'vn.

SOSIE.

O la funefte odeur!

MERCVRE.

Il ne peut eftre loing, & vient de long voyage;

SOSIE.

Cét affommeur deuine.

MERCVRE.

Il approche, courage.

SOSIE.

Si tu me dois toucher, contre ce mur, au moins,

Par

Par gloire, ou par pitié, daigne amolir tes poings,

MERCVRE.

Chargeons-le d'importance.

SOSIE.

Hé! je suis las de sorte,
Que sans charge moy-mesme, à peine ie me porte!

MERCVRE,

Mais, où ce mal-heureux détourne-t'il ses pas?

SOSIE.

Quel seroit mon bon-heur, s'il ne me voyoit pas?

MERCVRE.

Sa voix, ou ie m'abuse, a frappé mon oreille,

SOSIE.

Et sa main, va frapper la mienne, à la pareille.

MERCVRE.

Il vient, ie l'apperçoy.

SOSIE.

I'ignore qui ie suis,
En l'état mal-heureux, où mes jours sont reduits;
De peur, le poil me dresse, & tout le corps me tremble;

C

Mon ambaſſade, & moy, ſommes peris enſemble.
Mais ta vertu, Sofie, au beſoing ſe dement
Il eſt ſeul, comme toy, parle luy hardiment.

MERCVRE.

Toy, qui portes Vulcain, en cette corne eſclaue.

SOSIE.

Mais toy, qui briſes tout, & qui faits tant du braue.

MERCVRE.

Où s'addreſſent tes pas ?

SOSIE.

Que t'importe ! où ie veux.

MERCVRE.

Es tu libre, ou captif.

SOSIE.

Ouy.

MERCVRE.

Mais lequel des deux ?

SOSIE.

Lequel des deux me plaiſt, ou tous les deux enſemble;

MERCVRE.

Ce maraut veut perir.

SOSIE.

Tel menace, qui tremble.

MERCVRE.

Mais, qui (de grace) és-tu ? qui t'ameine en ce lieu ?

SOSIE.

I'appartiens à mon Maistre, és-tu content ? Adieu.

MERCVRE.

I'arracheray, pendant cette langue effrontée :

SOSIE.

Ses ramparts sont trop bons, pour s'y voir affrontée.

MERCVRE.

Poltron, repliques-tu ? Que viens-tu faire icy ?

SOSIE.

Mais qui cherches-tu, toy qui t'en mets en soucy.

MERCVRE.

Creon, y fait veiller les gardes de la ville.

SOSIE.

Ouy, mais nostre retour rend ce soing inutile.
Va, laisse cette charge, aux gens d'Amphytrion.

MERCVRE.

Amy, qui que tu sois, ou domestique, ou non.

SOSIE.

Et bien?

MERCVRE

Fui tost, & perds cette humeur suffisante,
Ou ta reception ne sera pas plaisante.

SOSIE.

Ie suis de ce logis? c'est où tendent mes pas,
Et tous tes vains discours, ne m'en chasseront pas.

MERCVRE.

Ie te vais rendre vain, sçays-tu de quelle sorte?
En ne te chassant pas, mais faisant qu'on t'emporte;
Ca mes poings, trauaillons.

SOSIE.

Mais pour quelle raison,
Me met vn étranger, hors de nostre maison?

Quel droit y pretend-il ?

MERCVRE.

Hors de ta maison traistre!

SOSIE.

Ouy, puis que i'y demeure, & qu'elle est à mon
Maistre;

MERCVRE.

Quel maistre ?

SOSIE.

Amphytrion, Chef du Peuple Thebain
Qui chargé de Lauriers, arriuera demain.

MERCVRE.

Et, ton nom, imposteur ?

SOSIE.

On m'appelle Sosie;

MERCVRE.

O Dieux! quelle impudence, ou quelle frenaisie!

SOSIE.

Ie ne m'abuse point, ie parle sainement.

MERCVRE.

L'impofteur, l'effronté, de quelle audace il ment !
On t'appelle.

SOSIE.

Sofie.

MERCVRE.

A ton dam, miferable,
Tu viens fi preftement, de forger cette fable;
De cette inuention, cent coups feront le prix;

Il le bat.

SOSIE.

Au fecours, aux voleurs, tout eft fourd à mes cris.

MERCVRE,

Au menfonge, pendard, tu joins encor la plainte ?

SOSIE.

Ie ne t'ay point menty, ie t'ay parlé fans feinte,

MERCVRE.

Quoy Sofie eft ton nom ?

SOSIE.

Ie te l'ay dit, helas !

MERCVRE.

Sosie?

SOSIE.

Et plust au Ciel, ne le fussay-je pas?

MERCVRE.

Mes poings, cent coups encor, pour cette menterie.

SOSIE.

Qui veux-tu que je sois, dy moy, donc, ie te prie,
Epargne vn mal-heureux.

MERCVRE.

Dy ton nom, affronteur.

SOSIE.

Ie suis ce qui te plaist, ie suis ton seruiteur,
Car tes coups m'ont fait tien.

MERCVRE.

Ton audace est extréme,
Iusques à m'affronter & prendre mon nom mesme?
C'est moy, qui suis Sosie, & dans cette maison,
Iamais autre que moy, n'en a porté le nom.
Que viens tu faire icy?

SOSIE.

Chercher mon cimetiere!
Et fournir à tes coups une indigne matiere.

MERCVRE.

Es-tu Sosie encor, réponds, qui l'est de nous.

SOSIE.

Pleûst aux Dieux, le fut-il, & receuft-il les coups?

MERCVRE.

Approche, dy ton nom, parle, quel est ton maistre?

SOSIE.

Tu m'as mis en état, de ne me plus connoistre.
A quelle deité s'adresseront mes vœux.
Mon Maistre est.

MERCVRE.

Qui?

SOSIE.

Ie suis.

MERCVRE.

Quoy?

SOSIE.

SOSIE.

Rien, si tu ne veux.

MERCVRE.

Que t'apporte mon nom ? Et quelle extrauagance,
Te le fait vsurper auec tant d'arrogance ?

SOSIE.

De grace, permets moy de parler librement,
Tu sçauras qui ie suis, en deux mots seulement.

MERCVRE.

Ouy parle, ma bonté t'accorde cette tresue.

SOSIE.

Amphytrion.

MERCVRE.

Dy tost.

SOSIE.

Sosie.

MERCVRE.

Aprés acheue.

D

LES SOSIES.

SOSIE.

Sosie, Amphytrion.

MERCVRE.

Que crains-tu, parle-tôt?

SOSIE.

Faisons donctrefüe aux coups, où ie ne diray mot.

MERCVRE.

Ouy, ie te la tiendray.

SOSIE.

Ie te croy, mais sur peine.

MERCVRE.

Que Mercure, à jamais prenne Sosie en hayne.

SOSIE.

Pour rompre son serment, il est trop genereux.

MERCVRE.

Parle.

SOSIE.

Ie suis Sosie.

MERCVRE, le battant.

Encore malheureux.

SOSIE,

Arreste, j'ay fait trefue, & ton serment te lie;

MERCVRE.

Ces coups sont vn remede à guerir ta folie,
Et ton mal ie m'asseure, est décrû de moitié.

SOSIE.

O déplaisant remede, importune pitié!
Faits ce qui te plaira, mais cette violence,
Ne sçauroit plus long-temps, m'obliger au silence.
Ta fourbe peut bien estre vn obstacle à mes pas;
Mais toutes tes raisons ne me changeront pas.
Ie n'emprunte le nom, ny la forme d'vn autre,
Ie suis le vray Sosie, & ce logis est nostre.

MERCVRE.

O le fou! l'insensé!

SOSIE.

Ce sont tes qualités,
Mon Maistre Amphytrion, ses ennemis domptés,
Ne m'a-t'il pas du port, enuoyé vers Alcmene,
Luy conter du combat, la nouuelle certaine?

D ij

LES SOSIES,

N'en arriuay-je pas vne lanterne en main;
Voila pas le Palais de ce Prince Thebain:
Ne te parlay-ie pas? sçais-je pas que ie veille?
Tes poings ne m'ont-ils pas étourdy cette oreille?
Que n'opposay-je donc ma deffence à tes coups?
A quoy perds-je le temps, que n'entray-je chés nous.

MERCVRE.

Dieux! de quelles couleurs il sçait peindre vn men-
       songe;
Dois-je croire mes sens, veillay-je, ou si ie songe?
Il dit de poinct en poinct, ce qui m'est arriué;
Car mon Maistre en effet le combat acheué,
Et sa main de Pterele, ayant coupé la trame,
M'a du port Euboique, enuoyé vers sa femme,
Luy conter de nos faits l'heureux euenement.

SOSIE.

Ie ne me cognois plus! en cét étonnement,
Il me mettroit enfin aux termes de le croire;
Quel present luy fut fait, aprés cette victoire?

MERCVRE.

D'vn vase precieux, où Pterele beuuoit.

SOSIE.

Il sçait tout mieux que nous, sans doute il nous
    suiuoit.

MERCVRE.

Que mon Maistre außi tost fit marquer de ses armes,

SOSIE.

Quelle lumiere, ô Dieux dißipera ces charmes.
Ill' a des-ja sur moy, par la force emporté,
Et la raison encor, semble de son costé.
Mais ma memoire, enfin, a dequoy le confondre,
Et sans estre moy-mesme, il n'y sçauroit répondre.
Lors que plus viuement, chocquoient les bataillons,
Qu'allas-tu faire seul, dedans nos pauillons.

MERCVRE.

D'vn flaccon de vin pur.

SOSIE.

Il entre dans la voye,

MERCVRE.

Pris d'vn muid frais percé, i'allay faire ma proye,
Hardy, ie l'assaillis, & luy tiray du flanc,
Cette douce liqueur, qui tenoit lieu de sang.

SOSIE.

Ie suis sans repartie, aprés cette merueille,
S'il n'estoit par hazard caché dans la bouteille.

Il ne me reste plus, auec quoy contester.

MERCVRE.

Et bien, suis-je Sosie? as tu lieu d'en douter?
T'ay-je assés bien guery de cette frenaisie?

SOSIE.

Mais moy, qui suis-je donc? si ie ne suis Sosie?

MERCVRE,

Prence nom, si tu veux, quand ie l'auray quitté,
Mais deuant, deffais toy de cette vanité.

SOSIE.

Certes, à dire vray, plus ie le considere,
D'autant-plus ma creance, à ma crainte défere;
Il n'a proportion, couleur, marque, ny traict,
Que le miroir aussi ne marque en mon pourtrait;
On ne peut qu'adjouster, à ce rapport extréme,
En vn autre, aujourd'huy, ie me treuue moy-mesme,
Démarche, taille, port, mention, barbe, cheueux,
Tout enfin est pareil, & plus que ie ne veux;
Mais cét étonnement fait-il que ie m'ignore?
Ie me sents, ie me voy, ie suis moy-mesme encore;
Et i'ay perdu l'esprit, si i'en suis en soucy,
Ne l'interrogeons plus, entrons, qu'attends-ie icy?

COMEDIE.

MERCVRE.

Traiſtre, où vas-tu?

SOSIE.

Chez nous;

MERCVRE.

Ha! cét trop, le Ciel meſme,
Ne te pourroit ſouſtraire à ma fureur extréme,
Tu t'obſtines encor, à me perſecuter!

SOSIE.

Comment de mon deuoir puis-je donc m'acquitter,
Ne m'eſt-il pas permis, de dire à ma Maiſtreſſe,
Ce qui m'eſt ordonné, par vne charge expreſſe;

MERCVRE.

Ouy, mais non à la mienne, ou de ce meſme ſeuil,
Où tu veux aborder, ie feray ton cercueil.

SOSIE. s'en allant.

Retirons nous plutoſt, ô prodige! ô nature!
Ou me ſuis-je perdu? quelle eſt cette aduenture?
Qui croira ce miracle, aux mortels incognu?
Où me ſuis-je laiſſé? que ſuis-je deuenu?
Comment peut vn ſeul homme, occuper double place,

LES SOSIES.

Moy-mesme, ie me fuy, moy-mesme ie me chasse,
Ie porte tout ensemble, & ie reçoy les coups,
Ie me vais esloigner, & ie seray chez nous.
Quel est cet accident ? retournons à mon Maistre,
Et plust au Ciel aussi, qu'il me pûst mes-cognoistre
De cét heureux malheur, naistroit ma liberté,
Et ce seroit me perdre, auec vtilité.

SCENE QVATRIESME.

MERCVRE seul.

AY-je auec gloire, enfin abbatu son audace ?
Ne l'ay-je pas reduit, à me ceder la place ?
Mon pere, cependant, sans importunité,
Possede le sujet, qui tient sa liberté :
Son absolu pouuoir, se permet toute chose,
Ny refus, ny froideur, à ses vœux ne s'oppose,
Son bon-heur est tout pur, & ses rauissemens,
Passent les voluptés des plus heureux Amants.
Mais comblé des faueurs d'vne beauté si rare,
L'heure approche bien tost, qu'il faut qu'ils s'en separe,
Et le jour doit enfin succeder à la nuict.
Taisons-nous, le voicy, la porte à fait du bruit.

Scene

SCENE CINQVIESME.

IVPPITER, ALCMENE, MERCVRE.

IVPPITER, fous la figure d'Amphytrion.

Avecque ce baifer, je te laiffe mon ame,
Adieu, conferue autant, que i'emporte de flame,
Hymenée, à mes yeux, ne fut jamais fi beau,
Iamais d'vn fi beau feu n'éclaira fon flambeau;
Iamais de Iuppiter, les agreables crimes
En douceur, n'ont paffé nos baifers legitimes;
Surtout conferue toy; le temps eft expiré,
Ou nous doit naiftre vn fruit, fi long-temps defiré,
Où Thebes de ma couche attend vn Capitaine,
Digne fang de mon fang, & de celuy d'Alcmene.

ALCMENE.

Quel fi preffant befoing, vous tire de ce lieu,
Où le falut à peine, a précedé l'adieu.

IVPPITER.

Ie m'acquitte des foings, où Creon me deftine;
Par l'abfence du Chef, tout le corps fe ruine,
Mon amour, mefme, icy, dérobe à mon deuoir,

E

Ce court & doux moment, que j'ay pris pour te voir,
Moy-mesme j'ay voulu t'apprendre les nouuelles;
Du fruit de mon voyage, & du sort des rebelles;
Et t'offrir de ma main, ce riche vase d'or,
Qui jadis de Pterele, embellit le tresor;
Adieu, laisse moy rendre vn deuoir à mes armes,
Et laisse mon retour, au seul soing de tes charmes.

Elle r'entre.　　Il dit seul.

Deesse du repos, nuict, mere du sommeil,
acheue enfin ta course, & fay place au Soleil.

ACTE II.
SCENE PREMIERE.
AMPHYTRION, SOSIE.

AMPHYTRION.

MArche tost.

SOSIE.

Ie vous suy.

AMPHYTRION.

Marche, peste des hommes.

SOSIE.

Tels söt nos attributs, mal heureux que nous sommes,
Pestes, yurongnes, fous, impudents, effrontez,
On nous donne à bon prix, toutes ces qualitez,
Deffiances, soupçons, coups, iniures, menaces,
Le seruage est l'objet, de toutes ces disgraces.

AMPHYTRION.

Tu murmures pendart ?

LES SOSIES,

SOSIE.

Et pour dernier mal-heur,
On y deffend encor la plainte à la douleur.

AMPHYTRION.

Ma patience ô Dieux ! est bien incomparable !
D'auoir pû si long-temps souffrir ce miserable.

SOSIE.

Dites ce qui vous plaist, suiués vostre courroux,
C'est à moy de souffrir, puis que ie suis à vous,
Mais ie ne vous diray quelque sort qui me suiue
Que la verité mesme, & que ce qui m'arriue.

AMPHYTRION.

O Zes-tu mal-heureux, encor me soustenir,
Ce qui ne fut jamais, ny ne peut aduenir,
Qu'estant icy present, tu sois chés nous encore.

SOSIE.

C'est l'effet d'vn pouuoir, que moy-mesme j'ignore,
Mais ie ne vous ments point.

AMPHYTRION.

Miserable est celuy,
Sur qui pend le malheur, qui t'attend aujourd'huy.

SOSIE.

Ie ne me deffendray d'vn traictement si rude,
Qu'auecques la vertu, qu'enjoint la seruitude,

AMPHYTRION.

Ton impudence encor, s'obstine à me joüer!
C'est bien haïr ta vie, il le faut auoüer,
Tu m'oses soustenir, auecque tant d'audace,
Qu'vn mesme homme, en mesme heure, occupe dou-
    ble place?

SOSIE.

Ie le maintiens encor.

AMPHYTRION.

Te confondent les Dieux.

SOSIE.

Leur foudre, si ie ments, m'extermine à vos yeux,

AMPHYTRION.

Quelle confusion, à la mienne est pareille?
Et combien iustement, doutay-je, si ie veille?

SOSIE.

Que desirés-vous plus, je vous l'ay dit cent fois,
Et vous verrés l'effet s'accorder a ma voix?

LES SOSIES,

A quoy tant répéter ce discours inutile,
Me voicy dans les champs, & ie suis à la ville.
Parlay-je à cette fois assés disertement,
En termes assez clairs, assez distinctement ?
Nos fautes font bien moins, que vostre deffiance,
Ce malheur, qui chés vous nous oste la creance,
Malheur, Amphytrion, à ceux que comme moy
Vn sort abjet, & bas, rend indignes de foy.

AMPHYTRION.

Traistre, qui te croira, quel esprit si credule,
Ne tiendra, comme moy, ce conte ridicule,
Que tu sois au logis, & que tu sois icy.

SOSIE.

I'en suis le plus confus, & le plus en soucy ;
Mais il n'est rien plus vray.

AMPHYTRION.

    Dessus quelle apparence,
As-tu si fermement fondé cette asseurance !

SOSIE.

Il est trop vray, vous dis-je, & cét étonnement,
S'il vous touche si fort, me touche également.
Ie n'ay pas creu d'abord à cét autre moy-mesme,
I'ay dementy mes yeux, sur ce rapport extréme,

Mais j'ay tant fait, enfin, que ie me suis connu,
Ie me suis tout conté, comme il est aduenu,
Iusques à me citer la couppe de Pterele,
I'ay mon nom, mon habit, ma forme naturele,
Enfin, ie suis moy-mesme, & deux gouttes de laict,
n'ont pas a mon aduis vn rapport si parfait.
I'ay treuué, quand bien las, j'ay ma course acheuée.

AMPHYTRION.

Quoy?

SOSIE.

Que j'étois chez-nous, auant mon arriuée,
Ie trauaillois ensemble, & j'étois en repos,
Fatigué par les champs, & la frais & dispos,

AMPHYTRION.

Dieux! comme il est troublé! cette disgrace insigne,
Est le fatal present, de quelque main maligne,
Quelque meschant esprit rencontré sur ses pas.

SOSIE.

Vous l'auez deuiné, ie ne le nieray pas.
Cette maligne main, si forte & si hardie,
D'vn orage de coups, m'a la iouë étourdie.

AMPHYTRION.

Qui t'a battu ?

SOSIE.

Moy-mesme.

AMPHYTRION.

Et pourquoy ?

SOSIE.

Sans raison.

AMPHYTRION.

Toy ?

SOSIE

Moy (vous dif-je) moy, qui suis à la maison,

AMPHYTRION.

Ecoute, obserue icy l'ordre que ie defire,
Et répond's mot, pour mot, à ce que ie vais dire,
Quel est premièrement, ce Sosie incognu,
Qui t'a tout raconté, ce qui t'est aduenu.

SOSIE.

Il est vostre valet.

AMPHYTRION.

Trefue à sa courtoisie.

Deux

Deux me font superflus, & j'ay trop d'vn Sofie;

SOSIE.

Le Ciel ne foit jamais fauorable à mes vœux,
Si ie ne vous faits voir, que vous en auez deux.
Celuy que ie vous dis, ma viuante peinture,
Passeroit pour moy-mefme aux yeux de la nature,
Il m'eft pareil de nom, de vifage, de port,
Il m'eft conforme en tout, il eft grand, il eft fort,
Et m'a de fa valeur rendu des témoignages,
Enfin, ie fuis doublé, doublez auffi mes gages.

AMPHYTRION.

Vn femblable miracle eft trop prodigieux,
Pour m'en fier à moins, qu'au rapport de mes yeux,
Mais as-tu veu ma femme.

SOSIE.

            Ayant fait mon poffible,
Pour me rendre d'abord voftre porte acceffible,
Enfin, rompu de coups, j'ay rebrouffé mes pas.

AMPHYTRION.

Et qui t'en a chaffé?

SOSIE.

            Moy, ne vous dif-je pas?

F

Moy, que j'ay rencontré, moy qui suis sur la porte,
Moy, qui me suis moy-mesme ajusté de la sorte,
Moy, qui me suis chargé d'une gresle de coups,
Ce moy, qui m'a parlé, ce moy qui suis chez-vous.

AMPHYTRION.

Le Sommeil t'a surpris, t'a monstré ton image.
Et ne t'a fait qu'en songe accomplir ton voyage.

SOSIE.

Non, non, vos propres yeux vous le feront sçauoir,
Ce n'est point en dormant, que ie faits mon deuoir,
I'ay veillé pour mon mal, j'ay veillé pour ma honte,
Veillant ie me suis veu, veillant ie vous le conte.
Ie me suis de cent coups, veillant froissé les os,
I'ay veillé malheureux, & trop pour mon repos.

AMPHYTRION.

Hastons-nous, suy mes pas, & m'oblige à te croire,
Faisant mes propres yeux. témoins de cette histoire,
Par cette veuë enfin, ie resteray confus.

SOSIE.

Allons, mais que les coups, s'il se peut n'en soient
plus.

SCENE DEVXIESME.

ALCMENE CEPHALIE.

ALCMENE.

Par quel ordre fatal, ma chere Cephalie,
Faut-il que la douleur, aux voluptés s'allie;
Quel important besoin, quelle necessité,
Enchaisne ainsi la peine, à la prosperité.
C'est la premiere loy, des loix de la nature,
Qu'icy bas vn plaisir s'achepte auec vsure,
Aux grands, comme aux petits, aux Roys, comme
        aux Bergers,
Les maux sont naturels, & les biens étrangers.
Ie l'éprouue chetifue, & ie sçay par moy-mesme,
Quelles sont les rigueurs de cette loy supréme,
Moy, dis-je, dont tu vois, que les tristes amours,
Pour vne bonne nuict, ont tant de mauuais iours;
Moy vefue d'vn viuant, moy triste & solitaire
Dont le Soleil se couche, aussi-tost qu'il éclaire.
Tu vois qu'Amphytrion, en vne mesme nuict,
Entre, sort, vient, s'en va, se laisse voir, & fuit,
Sa venuë en mes yeux treuue à peine des charmes,
Que sa perte aussi-tost, y veut treuuer des larmes;
Son retour me rauit, mais ce rauissement,

Par l'ennuy du depart, est payé doublement.

CEPHALIE.

Ce plaisir, pour le moins, doit soulager vos peines,
Qu'il r'amene vaincœur, les legions Thebaines,
Qu'il a fait vne histoire, illustre à nos neueux,
Que ses moindres exploits ont surpassé nos vœux;
Que la rebellion laisse nos terres calmes,
Et qu'il reuient chargé de Lauriers, & de Palmes.
Ces pris de sa valeur, ces rameaux toujours vers,
Feront durer son nom, autant que l'Vniuers,
Il a mis sa memoire au rang des belles choses,
Il n'a plus à cueillir, que des Lys, & des Roses,
Et desormais, vos yeux, ces tyrans amoureux,
De tous ses ennemis, sont les plus dangereux.

ALCMENE.

Il est vray que l'honneur dessus l'amour l'emporte,
Tant honneste soit elle, & tant soit-elle forte.
De tous les beaux objets, la gloire est le plus doux,
Aussi de tous les biens, ce bien seul est a nous.
Les tresors sont des biens, mais il les faut deffendre,
On vante vn noble sang, mais on le peut répandre,
Ce soir emportera, tel qui vit aujourd'huy,
Et de ses jours le sort est plus maistre que luy.
La vertu, ce seul bien, de soy-mesme dispose,
Elle possede tout, & donne toute chose,
Et le sort : mais que dis-je, il reuient sur ses pas ?

SCENE TROISIESME.

AMPHYTRION, ALCMENE, SOSIE, CEPHALIE.

AMPHYTRION.

LE plaisir est plus doux, quand on ne l'attend pas,
Et ma veuë en ce lieu sera dautant plus chere,
Qu'elle est moins attenduë, & que moins on l'espere.

ALCMENE.

De quel aduis noueau, naist ce prompt changement?
Ie ne sçay que iuger, en cét étonnement;
Ma chaste affection, luy serois-tu suspecte?
Douteroit-il, Hymen, combien ie te respecte?
Vient-il voir à quel poinct me touche son depart?
Quelque tard qu'il arriue, il vient encore tard;
I'ignore quelle fin son retour se propose,
Mais ie beny l'effect, quelle qu'en soit la cause.

AMPHYTRION, l'abordant.

Le Ciel te rie, Alcmene, & soient benis les Dieux,
Dont le soing prouident, me r'ameine en ces lieux.
Viens-je aussi desiré, que ie te suis fidele?
Et t'és-tu conseruée, aussi saine, que belle.

LES SOSIES,

SOSIE.

Le beau rauiſſement ! & le plaiſant tranſport,
Qu'elle me veut marquer, par ce muet abord !
Quelle eſt cette ſurpriſe, & quel trouble l'agite ?
La porte auroit parlé, depuis qu'elle medite.

AMPHYTRION.

Dieux ! quels ſont ces mépris, & ces retardemens,
Que ta deffence apporte à nos embraſſemens ?

ALCMENE.

Mais quel deſſein plutoſt, ou quelle humeur vous
porte,
A me venir railler, & joüer de la ſorte ?
Qui, vous oyant parler, ne croiroit qu'à ce iour,
Vous faictes en ce lieu, voſtre premier retour ?
Et que vous m'apportés les premieres nouuelles,
De voſtre heureux ſuccés, & du ſort des rebelles.

AMPHYTRION.

Qui le croiroit ainſi, ne s'abuſeroit pas !
Ie viens de prendre port, i'arriue de ce pas.
Et ce baiſer payé d'vne froideur ſi forte,
Eſt le premier ſalut, que ma bouche t'apporte.

ALCMENE.

Raillons, s'il faut railler, vos plaiſirs me ſont doux.

Et ie suis obligée, à souffrir tout de vous:
Mais quel sujet retarde, ou rompt vostre voyage?
Aués vous obseruê quelque mauuais presage?
Estes-vous menacé par le vol des oyseaux?
Quelque soudain orage a-t'il émeu les eaux?
Aués vous redouté le pouuoir de Neptune?
Et laissez vous l'armée au soing de la fortune?

AMPHYTRION.

Et quand, s'il t'en souuient, partis-je de ce lieu?

ALCMENE.

Au leuer du Soleil, vous m'aués dit adieu.

AMPHYTRION.

Sosie, écoute, ô dieux! quelle est sa frenaisie?

ALCMENE.

Ie croiray là dessus le rapport de Sosie.

SOSIE.

Elle dort, laissons-la, nous troublons son repos,
Peut-elle, sans resuer, nous tenir ces propos?

ALCMENE.

Non non, ie vous entends, ie discours, & ie veille,
Veillant ie vous ay veus.

LES SOSIES,

AMPHYTRION.

Quelle est cette merueille?

SOSIE.

Si d'vn pilote adroit nos vaisseaux gouuernés,
Dormants, iusqu'en ce lieu, nous auoient amenés?
Et que ce bon nocher pûst introduire au monde
L'art de ramer sur terre, aussi bien que sur l'onde?

AMPHYTRION.

Tu nous broüilles encor, en cette occasion,
Et veux entretenir cette confusion.

SOSIE.

C'est irriter les fous, que de les contredire,
La folie est vn mal, que le remede empire.

AMPHYTRION.

A quoy, dois-je imputer vn si mauuais accueil,
A ton extrauagance, où bien à ton orgueil?
Est-ce la cét abord, de respect, & de flame,
Que doit à son époux vne pudique femme?
Sont-ce là ces transports, d'amour, & de deuoir,
Qu'en ces occasions, tu m'as tousiours fait voir.

ALCMENE

COMEDIE.

ALCMENE.

Hier, à vostre arriuee, auec quelle allegresse,
Vous vinsie receuoir, & vous feisie caresse?
Ie craignis, iustement, que ma ciuilité,
Ne passast du deuoir, à l'importunité.

CEPHALIE.

S'il en estoit besoin, i'en rendrois tesmoignage.

AMPHYTRION à Sosie.

Nous sommes tous deux fous, s'il vn & l'autre est sage,

SOSIE.

Mais peut estre tous quatre, et c'est mon sentiment.

AMPHYTRION.

Alcmene, est-ce folie, ou diuertissement?
Que t'est-il arriué? Quelle douleur te presse?
Ce fâcheux accident, naist-il de ta grossesse?

ALCMENE.

Ie parle sainement.

AMPHYTRION.

Moy, ie vins hier icy?

Tu l'oses soustenir?

G

LES SOSIES.

ALCMENE.

> *Vous, & Sosie aussi.*

SOSIE.

Ouy, mais ie n'entray pas.

AMPHYTRION.

> *Sa maniere est extréme!*

SOSIE.

Et ie n'y vis que moy, qui m'en chassay moy-mesme.

AMPHYTRION.

Escoute, Alcmene; & croy ce fidele rapport,
Nos vaisseaux cette nuict, se sont rendus au port,
Ou i'ay pris le repas, ou i'ay la nuict passée,
Ou l'espoir de ta veuë à flatté ma pensee;
D'ou nous sommes partis ce matin seulement,
Et d'ou nous arriuons, en ce mesme moment.

ALCMENE.

Faictes à vos discours trahir vostre memoire,
Croyez ce qui n'est pas; si vous le voulez croire,
Et diuertissez vous, à me mettre en soucy;
Mais des hier arriuez, vous mangeastes icy,
D'ou vous n'estes partis, qu'au resueil de l'aurore.

AMPHYTRION,

Ie ne me cognois plus, moy-mesme ie m'ignore.

ALCMENE.

De quoy puisie tenir, sinon de vostre voix,
L'agreable recit du fruict de vos exploits,
Incomparable ardeur de ces foudres de guerre,
Qui semblent estre nez, pour conquerir la terre,
La prise de Telebe, & le triste destin
Qui renuersa l'orgueil de ce peuple mutin;
Vostre duel, en fin, & la mort de Pterele,
De qui, sinon de vous, tiens-ie cette nouuelle?

AMPHYTRION.

Ie t'ay faict ce recit?

ALCMENE.

Sosie estoit present.

SOSIE.

Il ne m'en souuient point; ô le debat plaisant!

AMPHYTRION.

Il rit, & iustement, de ton erreur extréme;

ALCMENE.

Peut-il, instruict par vous, parler contre vous-mes-
me ?

AMPHYTRION.

Dy-le, si tu le sçais, m'as-tu veu l'aborder ?

SOSIE.

Estes vous fol aussi de me le demander,
La voyant, comme elle est, de sens si dépourueuë?

AMPHYTRION.

Au moins croy l'vn des deux.

ALCMENE.

Ie ne croy que ma veuë,
Ie vous parle sans art, & sans déguisement,
Et n'ay point d'interest à parler autrement.
Mais desauouërez vous vne preuue certaine,
Dont ie vous vais conuaincre, & me tirer de pei-
ne;
Ne tiens-ie pas de vous, ce riche vase d'or
Dont on vous feist present ? le nierez vous encor?

AMPHYTRION.

Non, il t'est destiné, t'en a ton aduertie ?

ALCMENE.

Vous me l'auez baillé.

AMPHYTRION.

Quand?

ALCMENE.

A voſtre ſortie.
Treuuerez vous encor, de quoy le conteſter?
Vous plaiſt-il de le voir, le feray-ie apporter?

AMPHYTRION.

Voyons; dieux, quel miracle, egale ce prodige?

ALCMENE.

Apportez Cephalie.

SOSIE.

Elle eſt folle, vous dis-ie,
Le voicy, que ie porte, il eſt dans ce ſachet,
Fermé de voſtre main, et de voſtre cachet.

AMPHYTRION.

Le ſçeau, me ſemble entier.

SOSIE.

Auant que de ce terme.

G iij

Elle paſſe en vn pire, ordonnez qu'on l'enferme,
Pour voſtre ſeureté, comme pour ſon repos.

AMPHYTRION.

Cét aduis ce me ſemble, eſt aſſez à propos.

ALCMENE.

Il eſt bien veritable, il faut que ie le die,
Que les foux en autruy, treuuent leur maladie,
Qu'ils tiennent tous eſprits dans le deffaut des
leurs,
Et qu'ils ſe peignent tout de leurs propres couleurs.

SCENE QVATRIESME.

CEPHALIE &c.

Le voicy.

ALCMENE.

Donnez moy. Voyez ſi cette folle,
Vous a faict conceuoir vne attente friuole,
Vous qui deſauoüéz, ce que vous auez faict;
Eſt-ce vne illuſion, ou ce vaze, en effect.

AMPHYTRION.

O Dieu, maistre des dieux! diuinité supréme!
Sosie, approche, tien, le voila, c'est luy-mesme.
Elle nous a charmez.

SOSIE.

Il le faut croire ainsi,
On ne le peut sans charme, auoir osté d'icy.

AMPHYTRION.

Ouure, romps le cachet.

SOSIE.

Quelle est cette aduanture?
L'art veut à reproduire, imiter la nature,
Et comme vous, & moy, sommes desia doublez,
Ce vase l'est encor, ou nous sommes troublez.

AMPHYTRION.

Haste-toy.

SOSIE.

Voila fait. O Dieux!

AMPHYTRION.

Apporte, monstre.

SOSIE.

Que vous puis-je monſtrer, ſi rien ne s'y rencontre?
O prodige inouy!

AMPHYTRION.

Retourne ſur tes pas,
Traiſtre, il le faut treuuer.

SOSIE.

Ne le tient-elle pas?
Pour me l'auoir commis, qu'importe qui le rende?

AMPHYTRION.

De qui l'as-tu receu?

ALCMENE.

De qui me le demande.

AMPHYTRION.

A quelle heure, ou, comment, dy tout, de poinſt, en
poinſt,

ALCMENE.

Ie vous vais tout conter, ie ne m'en deffends point.
Hier au point que la nuiſt tendoit ſes ſombres voiles,
Et qu'on voyoit au ciel les premieres étoilles.

AMPHYTRION

AMPHYTRION.

Apres,

ALCMENE.

Ie vous tendis les bras;

AMPHYTRION.

Vn si courtois accueil desia ne me plaist pas.

ALCMENE.

Ie reçeus, & rendis le salut ordinaire.

AMPHYTRION.

I'ay peur d'auoir tant faict qu'il m'en doiue déplaire;
Mais continue, apres.

ALCMENE.

I'appris de vous, en fin,
Des contraires partis, le contraire destin,
Et comme sous Creon, toute la terre tremble.

AMPHYTRION.

Lors?

ALCMENE.

Il fallut manger, nous lauasmes ensemble;

H

AMPHYTRION.

Et puis?

ALCMENE.

Nous prifmes place, où le couuert fut mis;

AMPHYTRION.

Tout cela m'eft fufpect, nous eftions trop amis,
En fin, après foupper.

ALCMENE.

Fatigué du voyage.

AMPHYTRION.

Ie crains, & iuftement, d'en fçauoir dauantage;

ALCMENE.

Vous vous miftes au lift.

AMPHYTRION.

Ie tremble, acheue, apres.

ALCMENE.

I'en vfay comme vous, & vous fuiuis de pres.

AMPHYTRION.

Où ? c'est icy le point que sur tout i'apprehende.

ALCMENE.

Aupres de vous, pourquoy ? quelle est ceste demande ?

AMPHYTRION.

Comment, en mesme lict ?

ALCMENE.

                    Auec la liberté,
Qu'vne pudique femme a de l'honnesteté,
Et par la loy d'Hymen, immuable, & sacrée,
Qui m'y donne ma place, & m'en permet l'entree.

AMPHYTRION.

O malheur !

ALCMENE.

Qu'auez vous ?

AMPHYTRION.

                    Tay toy, ne parle plus,
Ce funeste discours me rend assez confus ;
O malheur de mes iours, malheureux Hymenee,
Malheureuse cent fois ma triste destinée :

                           H ij

O voyage, ô triomphe à mon honneur fatal.

SOSIE.

Ce mal est si commun, que ce n'est plus vn mal,
Le plus fin auiourd'huy le souffre par coutume,
Et le fou seulement, de regret s'en consume;

ALCMENE.

Qu'est-ce? qu'a mon époux?

AMPHYTRION.

        Horreur de ma maison,
Ne m'appelle iamais de ce funeste nom.
Auec d'autre que moy tu partages ma couche,
Tu reçois des baisers, d'autres que de ma bouche.
O Dieux! ô Iuppiter, tu veis ce suborneur,
D'vn immortel affront, diffamer mon honneur,
Et cruel, à tes yeux, tu souffris cette iniure;

SOSIE.

Ie ne sçay quel caprice est celuy de nature,
J'ignore son dessein, mais à ce que ie voy,
Vous estes pour le moins, aussi double que moy.
Quelqu'autre Amphytrion, se donne en vostre absence
Le mesme soin que vous, & la mesme puissance,
Ailleurs que dans le camp, il s'est porté des coups,
Combattant pour autruy, l'on combattoit pour vous.

ALCMENE.

J'atteste de Iuppin, la grandeur souueraine,
Que mon lict n'a receu de mortel, que vous mesme,
Ou que viue, ie brusle, en la place, où ie suis,
Femme, i'oze iurer, mais chaste iè le puis.
Les biens de mes parens sont vn vil heritage,
I'eus la crainte des Dieux, & l'honneur en partage,
Ma pudeur, mon respect, ma chaste affection
Plus que tout autre bien, sont ma possession.

AMPHYTRION.

Tout esprit, tout conseil, & tout sens m'abandonne,
I'ignore qui ie suis, & ne cognois personne;

SOSIE.

Quelque sçauant demon, en la magie expert,
Fait qu'ainsi tout se change, & se double, & se pert.

AMPHYTRION.

Si faut-il auec soing éclaircir cette affaire.

ALCMENE.

Vous auez liberté, comme droict de le faire.

AMPHYTRION.

Mesme i'en ay moyen; si i'ameine du port
Naucrate, ton parent, croiras-tu son rapport?

H iij

Il sçait ce que i'ay fait depuis nostre venuë;
Et n'a pas d'vn moment abandonné ma veuë;
Consens-tu, si sa voix conuainc tes faussetez,
A rompre le lien, qui ioint nos libertez.

ALCMENE.

Soit qu'il prouuë ma faute, ou me trouue innocente,
Si vous le desirez, il faut que i'y consente.

AMPHYTRION　　s'en allant.

Ie reuiens, va Sosie, entre, & m'attends chez nous;

ALCMENE.

Qui rend cét insensé de soymesme ialoux?

SOSIE　dit à Alcmene.

Puisque nous sommes seuls bannissons toute feinte,
Guerissez-moy l'esprit d'vne mortelle crainte.
Ne m'auez vous point veu, ne suis-ie point chés nous?
Et ne m'attends-ie point, pour m'accabler de coups?

CEPHALIE.

Que dit cét insensé?

ALCMENE.

　　　　　Ne m'approche pas, traistre,
Suppost d'vn imposteur, Valet digne du maistre.

ACTE III.
SCENE PREMIERE.

IVPPITER seul.

E suis ce suborneur, ce faux Amphytrion,
Qui remplis tout d'erreur, et de confusion:
Que tout charme defere à la beauté d'Alc-
Qui rend vn Dieu sensible, à l'amoureuse peine, (mene,
Qu'il l'attire du ciel, en ce bas element
Et qui reduit son maistre à cét abbaissement.
Tels sont tes yeux, amour, et ta gloire est extreme,
Iusqu'à t'estre éprouué, contre Iuppiter mesme;
Iusqu'à vouloir d'vn Dieu des vœux, & des autels,
Et le faire souffrir, pour des obiets mortels.
Tantost pour m'asseruir quelques beautez rebelles,
Tu me fais emprunter des ongles, & des aisles,
Du doux chant des oyseaux, ta vertu quelquesfois,
En des mugissemens a transformé ma voix,
I'ay d'autres fois chanté mon amoureux martyre,
De la fluste de Pan, sous la peau d'vn Satyre,

Et sous la forme d'or, ton pouuoir souuerain,
M'a fait treuuer passage, en des portes d'airain.
Mais ce chaste suiet de l'ardeur qui me presse,
Sort les larmes aux yeux, moderons sa tristesse,
Chassons pour quelqne temps le trouble de ces lieux,
Mais ne la détrompons, que pour la tromper mieux.

SCENE DEVXIESME.

ALCMENE, IVPPITER, CEPHALIE,

CEPHALIE.

Madame, où courez vous?

ALCMENE.

Furieuse, interdite,
Ie marche, ie discours, ie resue, ie medite,
Ie cede à ma douleur, ie suy son mouuement,
Sans dessein, sans conseil, & sans allegement.
Ie vay, sans obseruer sentier, route, ny place,
De penser en penser, & d'espace en espace,
Et més pas incertains, se perdent à chercher
Vn endroit assez sombre, où pouuoir me cacher.
Ma foy deuient suspecte! ô Dieux! pourquoy ma vie,
Pourquoy dés le berceau ne me fus-tu rauie,
Que ne me sauuas-tu d'vn affront si honteux,
Tant soit faux vn soupçon, il est pourtant douteux.

On ne

On ne peut reparer vne iniure si lâche,
Qui leue cét affront, n'en leue pas la tache,
L'honneur qu'on a noircy l'est eternellement,
Et qui luy porte vn coup, frappe mortellement.

IVPPITER.

Il n'est cœur de rocher, qui tint contre ses larmes,
Vne extréme sagesse, accompagne ses charmes,
Et sa possession ne se peut meriter,
Amoins qu'en estre époux, ou qu'estre Iuppiter.

CEPHALIE.

Laissez, laissez passer des nuages si sombres,
Bien-tost la verité dissipera ces ombres;
L'arbitre souuerain des dieux & des mortels,
S'il ne vous fait iustice, est indigne d'autels;
Tout en fin se découure; & sa iuste balance,
Ne confond pas le crime, auecque l'innocence.

ALCMENE.

A sa plainte luy-mesme il forge vn fondement,
Et pour me démentir, soy-mesme il se dément,
Il veut de son office, instruire ma memoire,
Et me prescrit des loix d'oublier, et de croire;
S'il cherche des raisons à de mauuais desseins
S'il hayt de nostre Hymen les nœuds chastes, & saincts,
Quelle necessité, luy fait forger des songes,

I

Nier des veritez, asseurer des mensonges,
Et prendre pour tesmoins les hommes, & les Dieux,
D'vn discours, si contraire au rapport de ses yeux;
Puisque maistre absolu, de mes vœux il dispose
Que mon consentement luy promet toute chose,
Et que sans grand effort, ie luy puis obeir,
Iusqu'a l'abandonner, & iusqu'a la hair;
La loy de nostre honneur, toute autre loy precede,
Ialouse on le conserue, auare on le possede,
Pour luy, nous deuons tout, pour luy tout est permis,
Et qui hayt nostre honneur est de nos ennemis.

IVPPITER.

En fin, laissons nous voir, calmons ce grand courage,
D'vne seule parole, appaisons cet orage,

ALCMENE.

Le voicy de retour; fuyons cét affronteur,
Ce fleau de mon repos, ce subtil imposteur.

IVPPITER.

Chere Alcmene, ou fuis-tu? pourquoy si fort esmeuë,
De qui te veut parler détournes-tu la veuë;

ALCMENE.

Ie la détourne ainsi, de qui m'est odieux,
Ce qui déplaist au cœur, ne sçauroit plaire aux yeux;

IVPPITER.

De qui t'est odieux!

ALCMENE.

Ouy; tousiours incredule,
Croyez que ie vous ments, & que ie dissimule,
Mais le ciel voit mon cœur exempt de fiction,
Et cognoist combien forte, est cette auersion.

IVPPITER.

Il cognoist, combien, prompte, est aussi ta cholere,
Et comme il me deplaist, d'auoir pû te déplaire,
Celuy n'ayme pas bien, qui peut tost se vanger,
Et c'est trop de rigueur, pour vn mal si leger.

ALCMENE.

Laissez, retirez vous; pouuéz vous sans folie,
Agreer que ma main à la vostre s'allie?
La main d'vne impudique, vne profane main;
Ne me souffrez iamais, si vostre esprit est sain;
Quoy, celle que vous mesme accusez d'infamie,
Vous ne la traitez pas comme vostre ennemie?
Vos resolutions se laissent ébranler,
Et sans estre insensé, vous me pouuez parler.

IVPPITER.

Tu crois donc, que mon cœur ayt auoüé ma bouche?
Non trop sensiblement, cette iniure te touche,
Et certes plus auant que ie n'esperois pas;
Pour t'oster de soucy, ie reuiens sur mes pas;
Tu faits d'vn passe-temps, vne sensible offence,
Ie voulois seulement éprouuer ta constance,
Et loing de témoigner, tant de ressentiment,
Tu deuois partager ce diuertissement.

CEPHALIE.

Son mal m'estoit commun, i'en auois l'ame atteinte,
Aussi, qui n'eust iugé, qu'il luy parloit sans feinte?

ALCMENE.

Pourquoy n'amenez vous ce fidelle tesmoing
Qui peut de fausseté, me conuaincre au besoing?

IVPPITER.

Faits-tu d'vne risee, vn discours d'importance?
Et d'vn mot dit par jeu, tires-tu consequence?

ALCMENE.
Ie sçay, combien l'affront me touche viuement:

IVPPITER.
Mon regret m'en punit, assez cruellement.

Et ce que i'en croyois, dementoit mes paroles:

ALCMENE.

I'ay faict par ma vertu, qu'elles estoient friuoles,
A vos mauuais soupçons elle à tranche le cours,
Mais ie le veux trancher à vos mauuais discours.
Détournons les malheurs ou l'Hymen nous expose,
Et pour les détourner, ruinons en la cause;
Laissons faire à ce iour, ce qu'vn autre feroit,
Et rompons vn lien, qui nous étoufferoit.

IVPPITER.

Ha! ne m'oblige pas à tant de penitence
Proportionne au moins, le supplice à l'offence,
Oppose ta froideur aux baisers que ie veux,
Et de quelque mespris, paye auiourd'huy mes vœux.
Mais, qu'aucun accident me separe d'Alcmene;
Souhaitte moy la mort, plutost que cette peine:
Si quelque autre est plus sage en mon opinion,
Qu'a iamais Iuppiter haysse Amphytrion.

ALCMENE.

Mais qu'il l'ayme plutost, & qu'il luy soit prospere;

IVPPITER.

I'ay iuré iustement, iustement ie l'espere,
Puis-ie esperer aussi de vaincre ta rigueur?

I iij

ALCMENE.

Dieux, qu'auec peu d'effort, vous me gaignez le cœur?
Et que i'ay de bonté!

IVPPITER *la baisant.*

Tel est l'ordre des choses,
Que tousiours quelque espine accompagne les roses;
Quelque nœud si serré qui ioigne deux amours,
Tousiours quelque accident, en trauerse le cours;
Mais nostre ardeur en fin, de ces douces querelles,
Comme vn feu d'vn peu d'eau prend des forces nou-
*   uelles;*
D'vn petit different, naist vne longue paix,
Et d'vne triste cause, il sort de beaux effets;

CEPHALIE.

En fin, vn doux repos à ce trouble succede,
Comme vn calme profond, que l'orage precede:

ALCMENE.

Quel pardon n'obtiendroit vn si beau repentir,
Mon cœur en est touché, iusqu'a le ressentir;
D'vne & d'autre façon, i'ay beaucoup d'innocence,
Ie prends part au supplice, & i'ay reçeu l'offence.

IVPPITER.

La glace bruslera, quand ce cœur genereux,
Aura pû conceuoir vn dessein rigoureux,
Alors qu'vn Souuerain, de si noble naissance,

Pourra cruellement vſer de ſa puiſſance.
Que ce ſein, le palais des graces, & d'amour,
Aura pû d'vn tyran, deuenir le ſeiour.
Auſſi, certes, à voir, ce miracle viſible,
On eſt bien inſenſé, ſi l'on eſt inſenſible;
Pour moy ſi ſouuerain des Dieux, & des mortels,
Ie voyois cét obiet, aux pieds de mes autels,
M'en laiſſant adorer, ie croirois faire vn crime,
Ie voudrois de ſon Dieu, deuenir ſa victime;
Et ie croirois du prix de la terre, & des cieux,
N'achepter pas aſſez, vn regard de ſes yeux.
Iuge combien l'eſpoir d'obtenir dauantage,
Mettroit donc d'artifice, & de ſoings en vſage,
Et ſi ny ton époux, ny ta fidelité
Aux vœux d'vn tel riual, ſouſtrairoient ta beauté?

ALCMENE.

Cét eloge affecté, cette ardeur ſi toſt neë,
Sortent à mon aduis des loix de l'Hymenée,
Vn pareil compliment, ne vous eſt pas commun.

IVPPITER.

Ie ne l'acheue point, puis qu'il t'eſt importun:
Il teſmoigne en effet vn peu de ialouſie,
Mais qui ne te nuit point. Vous, appelez Soſie,
Qu'il ameine les chefs du reſte des ſoldats,
S'ils ſont encor au port, prendre icy le repas.

Il dit, bas.

Ainsi, de la maison, sans soupçon, ie le chasse,
Ou Mercure, aussi-tost, occupera sa place.

Cepha-
lie, va
querir
Sosie.

SCENE TROISIESME.
ALCMENE, IVPPITER.
ALCMENE.

Si ie vous l'ose dire, & si i'en croy mes yeux,
Le temps, qui destruit tout, vous est officieux;
Il semble, que ce corps, tienne des destinees,
L'heur de ne vieillir pas, auecque les annees,
Et ce teint, que les soins ne sçauroient alterer,
Iette un éclat nouueau, qui vous fait reuerer.

IVPPITER.

Tu me rends la pareille, & te sens trop soluable,
Pour vouloir vn moment estre ma redeuable;
Ton eloquence, en fin, paye mon compliment.

SCENE QVATRIESME.
ALCMENE, IVPPITER, SOSIE.
SOSIE.

Estes vous tous deux fous ? quel est ce changement?
IVPPITER

IVPPITER.

Voy quelle heureuse paix, suit cette douce guerre.

SOSIE.

Ie croyois que le ciel, s'vniroit à la terre,
Auant qu'on retablit, cette diuision.

IVPPITER.

L'amour nâcquit-il pas, de la confusion?
Vn cahos fut autheur, de toute la nature;

SOSIE.

Iuppiter, soit beny, d'vne telle aduanture!

IVPPITER.

Hé quoy, ne sçais-tu pas, que ie voulois gausser?

SOSIE.

Ie croyois le contraire, il le faut confesser.

IVPPITER.

Cours de ce pas, au port, prier les cappitaines,
Qui commandoient sous moy les legions Tebaines;
De se rendre au Palais, & d'y prendre vn repas.

SOSIE.

Entrez, ie vay voler, ie ne marcheray pas.

K

IVPPITER.

Toy, qui du ciel en terre, apportes mes nouuelles,
Quitte ce champ d'azur, et fends l'air de tes aisles;
Adroit, dérobe toy de la table des Dieux,
Descends, diuin Sosie, & te rends en ces lieux.

Il entre

SCENE CINQVIESME.

MERCVRE DESCENDANT DV
Ciel sous la figure de Sosie.

Hommes, dieux, animaux, sortez de mõ passage,
S'esloigne qui pourra, fuye quiconque est sage,
Mais malheur à celuy, qui ne m'euite pas,
I'abats, romps, pousse, brise, & mets tout sous mes pas.
I'obeys à mon pere, & viens seruir mon maistre,
Tel, vn bon seruiteur .tel, vn bon fils doit estre,
Qui veut de son deuoir s'acquiter dignement,
Doit forcer tout obstacle , & tout empeschement;
Ce soin m'a fait quitter vne resiouissance,
Par qui les dieux, d'vn Dieu celebrent la naissance,
Car Hercule va naistre, & par vn ordre expres,
Tous les Dieux en font feste, & boiuent à longs traits;
O! comme le Nectar s'auale à tasse pleine,
Bacchus, le bon yurongne, en à perdu l'haleine!
Mome, à force de boire à cessé de railler,

Et preßé du sommeil, ne fait plus que baailler;
Mars, voit, (pris côme il est) des trouppes d'Encelades,
Qui dans le ciel encor, dreßent des escalades,
Et de son coutelas, son ombre poursuiuant,
Au grand plaisir de tous, se bat contre du vent;
Vulcain, ce vieux ialoux, plein iusques à la gorge,
Souffle vn air außi chaud, que celuy de sa forge,
Saturne le bon pere, en a iusques aux yeux,
Pallas mesme, & Venus, trinquât à qui mieux, mieux
Noyent le souuenir de leur vieille querelle,
Dedans cette liqueur, aux Dieux si naturelle.
Iunon seule, bouffie, & de hayne, & d'orgueil,
Lors que ie suis entré, m'a faict vn triste accueil,
Se promeine à grands pas, vn peu loin de la trouppe,
Et contre sa coustume, à refusé la couppe.
Ainsi, la ialousie, a iusques dans le ciel,
Dégorgé son poison, & répandu son fiel:
Mais la laißant en fin, auecque sa cholere,
I'ay voulu, comme vn autre honorer le mystere,
Ganymede y faisoit l'honneur de la maison,
Et m'apportoit desia, la dixiesme raison.
Quand la voix de mon pere à party de la terre,
Cette voix, de ma main à fait tomber le verre,
D'ou Venus à veu choir, sur ses riches habits,
S'estant treuuee au droit, vn ruißeau de rubits.
Tout en desordre en fin, i'ay trauersé les nuës,
Par les routes de l'air à mes yeux si cogneuës,

K ij

Et pour ne pas rauir l'espace d'vn moment,
A l'ardeur que ie doibs à ce commandement,
Dedans ce vaste champ, i'ay changé de figure,
Ie suis Sosie en terre, au ciel, i'estois Mercure;
I'arriue, en fin, à temps; on ouure, quelqu'vn sort.

SCENE SIXIESME.

MERCVRE, CEPHALIE,

CEPHALIE.

Qve tes pas sont legers! viens-tu desia du port?
MERCVRE bas.

Ie passe pour Sosie, & pour ne rien confondre,
C'est sous ce nom aussi, que ie luy doibs répondre;
Hastons nous, consultons, en ce besoin pressant,
Nostre immortelle essence, à qui rien n'est absent.
Il est à peine au port.

CEPHALIE.
       Tu n'ameines personne?
MERCVRE.

O le maistre importun, et le mal qu'il me donne!
Non, vn traict de la main du plus adroict archer,
Fend l'air moins promptement, qu'on ne m'a veu
   marcher.

CEPHALIE.

En fin, qu'as-tu treuué?

MERCVRE.

Que ma course estoit vaine,
Car ie n'ay veu nocher, soldat, ny capitaine,
Le riuage est desert, chacun s'est retiré,
Ou plutost, i'ay treuué, ce que i'ay desiré,
Car à moins de mangeurs, d'autant meilleure chere;
Entrons.

CEPHALIE.

Attends vn peu.

MERCVRE.

La faim me desespere:

CEPHALIE.

De l'œil, Amphytrion à semblé m'aduertir,
Que ie m'obligerois, de

MERCVRE.

De quoy?

CEPHALIE.

De sortir.
K iij

Laiſſons leur vn moment.

MERCVRE.

Comprends-tu ce langage ?
Et ce moment qu'il veut, ſçais-tu pour quel vſage ?

CEPHALIE.

Pour obtenir, peut-eſtre, vn pardon plus expres,
De l'affront qu'il a faiﬅ à ſes chaſtes attraits,
Où pour luy faire part.

MERCVRE.

De ?

CEPHALIE.

De quelque nouuelle,
Qu'il tient ſecrette, & veut n'eſtre appriſe que d'elle,

MERCVRE.

Tu ne l'entends pas mieux ?

CEPHALIE.

Quel que ſoit leur deſſein
Ie n'ay leu iuſqu'icy, ny veux lire en ſon ſein;
Ma curioſité iamais ne m'importune,
Ie laiſſe toute choſe au ſoin de la fortune,

Et ne penetre point dans les secrets d'autruy.

MERCVRE.

O que tu sçais bien mieux !

CEPHALIE.

Sofie est tousiours luy.

MERCVRE.

Ie suis ce qui te plaist, mais la faim qui me presse
Quel que soit leur secret, condamne ma paresse,
Entrons; lors qu'il s'agit d'vn excellent repas,
Mille secrets d'état, ne m'arresteroient pas.

ACTE IV.
SCENE PREMIERE.

AMPHYTRION.

ET sur tout le riuage, & par toute la ville,
I'ay faiɛt, pour le treuuer vne course inutile:
Il n'est temple, bureau, halle, ieu, carrefour,
Dont pour le rencontrer, ie n'aye fait le tour;
Mais rien ne me succede, & sa recherche est vaine,
Ma seule lassitude est le fruiɛt de ma peine;
Ie treuue tout changé, tout est icy confus,
On s'y perd, on s'y double, on ne s'y cognoist plus;
Cét importun destin, qui broüille toutes choses,
Aura meslé Naucrate, en ces metamorphoses,
Nous sommes deux doublez, celuy-là s'est perdu,
Quand nostre état premier, nous sera-t'il rendu,
Quand se termineront ces changemens estranges,
Quand veux-tu, Iuppiter, débroüiller ces meslanges?
Entrons, et s'il se peut, sçachons quel imposteur,
De ces confusions est le subtil autheur;

Tirons

Tirons par la rigueur, si la douceur est vaine,
Cette confession, de la bouche d'Alcmene.
Etouffons ce serpent, perdons ce suborneur,
Et puisse tout perir, plutost que mon honneur.
Hola? quelqu'vn icy?

Il frap-
pe à la
porte,

SCENE DEVXIESME.

MERCVRE sous la figure de Sosie. AMPHYTRION.

MERCVRE à la fenestre.

QV'est-ce?

AMPHYTRION.

Ouure tost, la porte.

MERCVRE.

Que veut cét insolent, qui heurte de la forte.

AMPHYTRION.

Ouure, c'est moy.

MERCVRE.

Qui moy?

AMPHYTRION.

Moy, qui te parle, moy.

L

MERCVRE.

T'exterminent les Dieux, toy qui me parles, toy;
Iamais si violent n'éclatta le tonnerre,
S'il frappe encor vn coup, il mettra tout par terre;

AMPHYTRION.

Comment?

MERCVRE.

Qu'est-ce, comment? que veut cét insensé?

AMPHYTRION.

Quoy, tout, insqu'aux esprits, est icy renuersé?
Quel dieu, de ce desordre a ma maison remplie;
Sosie?

MERCVRE.

Et bien? c'est moy, crains-tu que ie l'oublie?
Acheue, que veux-tu?

AMPHYTRION.

Traistre, ce que ie veux,

MERCVRE.

Que ne veux-tu donc point, responds moy, si tu veux.
Il pense s'adresser à quelque hostellerie,

De la façon qu'il frappe, et qu'il parle, & qu'il crie;
Et bien m'as-tu stupide, assez, consideré?
Si l'on mangeoit des yeux, il m'auroit deuoré.

AMPHYTRION.

Quel orage de coups va pleuuoir sur ta teste?
Moy-mesme, i'ay pitié des maux que ie t'apreste;
Sois-ie aussi cher aux Dieux, que ie vais en ta mort
Faire vn exemple horrible à tous ceux de ton fort.

MERCVRE.

Mais si ce malheur mesme, arriue à qui menace?

AMPHYTRION.

A t'il perdu l'esprit; Dieux! quelle est son audace?
Mais qu'attends-ie en ce lieu, traistre, tu n'ouures
*   pas?*
Rompons tout, brisons tout, & mettons tout à bas.

MERCVRE.

Spectre, qui que tu sois, fantosme, ombre viuante,
Qui crois, par ta menace exciter l'épouuante,
Si ta fuitte, insensé, tarde encor vn moment,
Si du pied, de la main, ou du doigt seulement,
Mesme du souffle seul, tu touche cette porte
Deuine quel congé cette thuille te porte?
Vn passeport, du iour aux eternelles nuicts;

AMPHYTRION.

Cognois-tu qui te parle, & sçais-tu qui ie suis?

MERCVRE.

Ni ie ne te cognois, ny ne te veux cognoistre.

AMPHYTRION.

Miserable est le serf, qui s'attaque à son maistre.

MERCVRE.

Toy, mon maistre?

AMPHYTRION.

Qui donc?

MERCVRE.

O le doux passetemps!

AMPHYTRION.

Je te le vais pendard, apprendre à tes despens.
S'il se peut que l'on m'auure, ou si tu peux descen-
dre.

MERCVRE.

Autre qu'Amphitryon n'a droict de me l'apprendre,
Ie ne reçoy des loix d'autres maistres que luy.

AMPHYTRION.

Qu'entends-ie? quel parois-ie? et qui suis-ie auiour-
d'huy?
Sosie, ouure les yeux, quelle est ta frenaisie?
Ie suis Amphytrion, ou tu n'es pas Sosie.

MERCVRE.

Ne l'ay-ie pas bien dit, qu'il estoit insensé?
Passe mauuais bouffon, tu t'es mal adressé,
Passe, laisse mon maistre en l'entretien d'Alcmene
Posseder le repos, qui succede à sa peine!
La guerre faite aux champs, laisse la paix chez nous
Et ne fay point mon temps, l'exercice des fous.

AMPHYTRION.

Quels foux, et qui ton maistre?

MERCVRE

        Amphitrion te dis-ie,
A combien de discours cet importun m'oblige!

AMPHYTRION.

He, de grace, Sosie, oste moy de soucy;
Dis-tu qu'Amphytrion.

MERCVRE.

        Ouy, te dis-ie est icy,

L iij

AMPHYTRION.

En la chambre d'Alcmene?

MERCVRE.

Et deſſus ſon lict meſme.

AMPHYTRION.

Que reſoudray-ie, ô Dieux! en ce deſordre extre-
me?
Que feray-ie? en quel lieu s'adreſſeront mes pas?
Soſie, encor vn coup, ne me cognois-tu pas?

MERCVRE.

Ouy, pour vn importun.

AMPHITRION.

Deſcends lâche, ouure traiſtre;
Peſte, yurongne éternel, qui mécognois ton maiſtre.
Nous verrons à la fin d'vn paſſe temps ſi doux,
Si tu recognoiſtras ce que peſent mes coups.

MERCVRE.

Attend, au nom des Dieux.

AMPHYTRION.

Te puiſſent-ils confondre!

MERCVRE.

e te vais enuoyer qui te sçaura répondre,

AMPHYTRION.

Qu'il vienne, qu'il paroisse;

MERCVRE.

Il te fera raison.

AMPHYTRION.

Perisse, valet, femme, & famille, & maison.

Il continuë seul, se promenant à grands pas.

Dieu, Souuerain des Dieux, ie reclame ton ayde,
Tu peux seul, à ma peine apporter du remede,
Eclaircy mes soupçons, débroüille ce cahos,
Si tu ne veux ma perte, étably mon repos.
Dessille nous les yeux, dissipe ce nuage,
Et rends moy, pour le moins, mon nom, & mon visage.

SCENE TROISIESME.

SOSIE 3. CAPITAINES. AMPHYTRION.

I. CAPITAINE.

TV nous en contes bien, qui t'en a tant appris?
O, comme tu ioüerois de credules esprits!

SOSIE

Il n'est rien plus certain.

CAPITAINE

À d'autres, ces Chymeres,
Ces contes à plaisir, ces coups imaginaires.

SOSIE.

Pour mon dos, toutefois, c'estoient des veritez,
Et vous doutez à tort de ces duplicitez ;
Vous fasse, Iupiter, partager nostre peine,
Et puissiez vous produire, un autre capitaine,
Qui vous traitte d'abord, comme ie fus traitté,
Et qui convainque en fin vostre incredulité.

CAPITAINE.

Cette production ne seroit pas plaisante,
I'ay le dos assez bon, mais i'ay la main pesante,
Et l'epreuve sur moy ne m'en plairoit pas fort,
Reserve toy tes coups, tes souhaits, & ton sort.

CAPITAINE.

Auançons, le voicy.

SOSIE

Ie crains quelque disgrace.
CAPIT.

2. CAPP.

Comment?

SOSIE.

Voyez que seul, errant en cette place,
Il murmure en luy-mesme, & semble avec les yeux,
Vouloir manger la terre, & menacer les cieux;

1. CAPP.

En attendant la faim, resuant, il se promene,

SOSIE.

Vous pourrez mal disner, si ma crainte n'est vaine,

AMPHYTRION.

Ie doute quel succés est le plus glorieux,
Ou celuy des vaincus, ou des victorieux,
La fin de mon triomphe est un desordre extréme.
Qui me rend plus vaincu, que n'est le vaincu mesme;
Et d'un si long voyage, & si laborieux,
Le seul travail est mien, la gloire en est aux Dieux.

SOSIE l'écoutant, dit aux Capp.

Arrestés, un mot seul, me tirera de peine.

AMPHYTRION.

Que ce vice ayt fait bréche à la vertu d'Alcmene!

M

Quel prodige inouy, peut plus nous étonner ?
Et quelle honnesteté ne doit-on soupçonner ?
La couppe de Pterele est une autre merueille,
Qui ne se peut comprendre, & n'a point de pareille;
Et l'ouïr de nos faits conter l'euenement,
Passe toute creance, & tout étonnement.
Mais ie conçoy la fourbe, & tout cét artifice,
De l'esprit de Sosie, est sans doute vn caprice,
Que luy-mesme accusé, ne peut des-auoüer,
Puisqu'à mes propres yeux, il oze me jouer.

SOSIE.

On parle icy pour moy, la fatale journée !
Quelqu'incommodité m'est encor destinée.

AMPHYTRION.

Mais s'il peut aujourd'huy, tomber entre mes mains,
Miserable est son sort, sur tous ceux des humains,
Il peut conter ce jour, le dernier de sa vie.

SOSIE.

Il m'obligeroit fort, s'il perdoit cette enuie:
A qui naist fortuné, tout luy succede bien,
Vn malheureux fait mal, mesme en ne faisant rien.
Allés, sçachés de luy, quelle est cette disgrace,
Et faites s'il se peut, que ce desir luy passe.

M.

1. CAPP.

Le Ciel, Amphytrion, soit propice à vos vœux.

AMPHYTRION.

Vous venez iustement, à l'heure, où ie vous veux,
Enfin, vostre rapport, nous tirera de peine,
Quel sort si fauorable, en ce lieu vous ameine?

1. CAPP.

Nous vous obeyssons, mandez expréssément,
Et Sosie est porteur de ce commandement.

AMPHYTRION.

Quoy de ma part?

1. CAPP.

Sosie au moins, nous l'a fait croire,

AMPHYTRION.

O Ciel! auec mon nom, perds-je encor la memoire.
Qui de ces mandemens, charge cét insensé?
Où vous a-t'il treuués, où l'aués vous laissé.

1. CAPP.

Le voila.

M ij

LES SOSIES,

AMPHYTRION.

Qui?

1. CAPP.

Sosie.

AMPHYTRION.

Où.

1. CAPP.

Deuant vos yeux mesme.

Ne le voyez-vous pas?

AMPHYTRION.

Ma cholere est extréme,
Iusqu'à m'oster le sens, & iusqu'à m'aueugler;
Approche, c'est toy, traistre, à qui ie veux parler;
Toy, peste des mortels, dont l'audace effrontée,
A m'a veuë, à mon sceu, iusqu'à moy est portée,
Qui tout soing, tout deuoir, & tout respect à bas,
Veux railler tout le monde, & ne m'exceptes pas.
Le Ciel mesme, le Ciel, à mes desseins contraire,
Ne te soustrairoit pas à ma iuste colere,
Laisses, vostre deffence irrite mon courroux.

3. CAPP.

Ecoutés-moy.

AMPHYTRION A

Parles, mais toy, reçoy les coups.

SOSIE.

Pourquoy ? quelle furie à ma perte animée,
De cette aueugle ardeur a vostre ame enflammée?
Ay-je, où vous m'enuoyiez fait vn trop long sejour ?
Et pouuois-je, plutôt, estre icy de retour?

1. CAPP.

Arrestés.

SOSIE.

Ie suis mort, quel demon vous agite ?
I'ay couru, j'ay volé, peut-on marcher plus viste?

AMPHYTRION

De ton audace, enfin, ay-je tiré raison?
Traistre, voila le toict, la tuisle, la maison;
Reconnois-tu la porte, et vois-tu la fenestre,
D'où tu feignois tantost, de ne me pas connoistre?

M iij

CAP.

Vous a-t'il offencé?

AMPHYTRION.

Me le demandés-vous?
Il me veut, l'insolent, esloigner de chés nous?
Il me ferme la porte, il me joüe, il me chasse,
Et de cette fenestre, il m'use de menace.

SOSIE.

Moy?

AMPHYTRION.

De combien de coups, ne m'as-tu menacé,
Si j'eusse osé heurter, ou si j'eusse auancé?
Le voudrois-tu nier?

SOSIE.

Pourquoy ne le nieray-je?
Nommez tout autre crime, un vol, un sacrilege,
Des empoisonnements, & des assassinats,
I'auray mesme raison, de ne les nier pas.
N'ay-je pas en cés gens, un trop clair témoignage?
Ne les mandés vous pas? viens-je pas du riuage?
Vous puis-je faire injure en vous obeyssant?
Vous voyois-je du port? & vous parlois-je absent?

N'y suis-je pas allé par vostre charge expresse,

AMPHYTRION.

De moy?

SOSIE.

Que j'ay laissé, parlant à ma Maistresse,
Après l'heureux accord qui vous a reunis.

AMPHYTRION.

Comment, Alcmene, & moy?

SOSIE.

Dont les Dieux soient benis,

AMPHYTRION.

Es-tu capable encor de cette effronterie?

I. CAPP.

Que ie vous die vn mot, laissés-le, ie vous prie,
Les divers accidens arrivés en ces lieux,
Si j'encroy ses discours, sont si prodigieux,
Qu'il seroit à propos, d'en faire plus d'enqueste,
Auant que cét orage éclattast sur sa teste:
Quelque charme secret, vous peut brouiller ainsi,
Qui meriteroit bien qu'on s'en mist en soucy.

AMPHYTRION.

Entrons & me prettés, & vos soings, & vostre ayde,
A chaſſer de ce lieu, l'erreur qui nous poſſede.

SCENE IV.

IVPPITER, AMPHYTRION, SOSIE,
LES CAPPITAINES.

IVPPITER.

QVE m'a t' on rapporté, que veut cét inſolent,
Qui trouble mon repos, d'vn bruit ſi violent?
Que ne parut au Camp, cette humeur importune,
Qui veut à ma valeur deuoir ſon infortune,
Qui m'offre apres la paix des exploits ſuperflus,
Et m'apporte du ſang, quand ie n'en cherche plus.

SOSIE.

Voicy, voicy, Thebains la doute conſommée,
Ce ſeul Amphytrion, commanda voſtre armée,
Que voſtre gloire, en luy cognoiſſe ſon autheur;
L'autre, eſt vn inſolent, vn fourbe, vn impoſteur.

1. CAPP.

Que voyés vous mès yeux? quelle eſt cette merueille?

2. CAPP.

Que vois-je! ô Iuppiter, rénaiſ-je: ou ſie veille?

SOSIE.

SOSIE.

Que ne luy parlés vous, c'est luy, n'en doutés plus,
Voyés, qu'à son abord, l'autre reste confus.

IVPPITER.

Nobles enfans de Mars, compagnons de ma gloire,
Quel desordre nouueau, trouble nostre victoire;
Entrés, qu'attendés vous, ne m'honorés vous pas,
De vostre compagnie, en vn mauuais repas?
Quelle occupation, aués vous rencontrée,
Et quel seditieux, retarde vostre entrée?

AMPHYTRION.

O Dieux! ô Iuppiter, protege mon honneur,
I'implore ton secours, contre ce suborneur.
Et vous, chers compagnons de ma longue fortune,
Auec qui i'ay la peine, & la gloire commune;
Nobles chefs des Thebains, vous de qui les lauriers,
A l'abry de l'orage, ont mis tant de guerriers;
Si i'ay vostre valeur, si long-temps esprouuée,
La guerre dure encor, & n'est pas acheuée;
Nous n'auons combattu, ny vaincu qu'à demy;
Voicy qu'il se presente, vn second ennemy,
Le triomphe, au vaincœur engendre vne querelle,
Non plus pour vn Creon, non plus contre vn Pterele;
Puis qu'enfin nos mutins se sont assuiettis;

N

mais vn combat, où seul, ie fais les deux partis,
Vne guerre, ou pour vaincre, il faut que ie succombe,
Ou pour me soustenir, le sort veut que ie tombe;
Vn prodige, vn desordre, vne confusion,
Ou contre Amphytrion, combat Amphytrion.
Mais plutost, vn duel, que l'enfer me declare,
En deux Amphytrions, son pouuoir me separe;
I'ay des charmes à vaincre, & cet enchantement,
Suspend desia vos yeux, & vostre iugement.

SOSIE

Ton eloquence en vain, medite vne surprise,
L'autre est l'Amphytrion, que chacun authorise;
Il doit passer pour tel, au iugement de tous,
Et tu n'as plus en moy, de matiere à tes coups.

IVPITER.

Ie croy, vous faire tort, si ie romps mon silence,
Pour vous desabuser, sur cette ressemblance,
Vostre sang vous trahit, s'il ne vous dit assés,
Qui de nous est celuy, sous qui vous le versés,
Vostre rare valeur, ne peut, sans estre ingrate,
Ne recognoistre pas, sous quel chef elle eclatte
Puis qu'en quelque façon, ô genereux guerriers,
La mienne contribue, acueillir vos lauriers,
Ce n'est dont point de l'art que i'attends ma deffence,
De vos seuls sentimens, ie fais mon eloquence,

La foiblesse paroist, dans le besoing de l'art,
C'est aux fausses beautés, qu'on applique le fart,
Plus l'innocence est nuë, & plus elle a de force,
Et l'on nous veut tromper, alors qu'on nous amorce

I. CAPP.

Quelle est cette aduanture, & quelle occasion,
A iamais excité, tant de confusion,
Le ciel mesme, le ciel trompé par son ouurage,
Ne pourroit discerner l'vn, ny l'autre visage,
S'il se peut, toutesfois, vuidons ce different.

SOSIE.

Le premier est vn fourbe, il est trop apparent.

AMPHYTRION.

Ce fourbe, tost ou tard, te rendra cette iniure.

SOSIE,

Te perde Iupiter.

AMPHYTRION.

Te confonde Mercure.

IVPPITER.

Balancés vous encor dessus ce iugement?

N ij

I. CAPP.

Qui n'y balanceroit, c'est certes iustement.
Mais répondés tous deux.

AMPHYTRION.

Autheur de la nature,
Qui te fait Iuppiter, emprunter ma figure.

I. CAPP.

Ne parlés qu'à moy seul ; vous, quel est vostre nom ?

AMPHYTRION.

Amphytrion vous dis-ie ?

I. CAPP.

Et vous ?

IVPPITER.

Amphytrion.

AMPHYTRION.

Qui suis fils de Dias.

IVPPITER.

Qui suis mary d'Alcmene,

AMPHYTRION.

Nommé Chef, par Creon.

IVPPITER.

De la trouppe Thebaine.

AMPHYTRION.

Qui lors que le Soleil.

IVPPITER.

Approchoit du Lyon.

AMPHYTRION.

Fus porter la terreur.

IVPPITER.

A la rebellion.

AMPHYTRION.

La mort suiuit l'effroy,

IVPPITER.

De ce peuple rebelle.

AMPHYTRION.

Voicy la propre main,

N iij

LES SOSIES,

IVPPITER.

Par qui mourut Ptereles.

AMPHYTRION.

D'vn vase pretieux,

IVPPITER.

Où beuuoit le mutin.

AMPHYTRION.

Il me fut fait present.

IVPPITER.

Qui fut tout mon butin.

AMPHYTRION.

Enfin victorieux,

IVPPITER.

Ie partis du riuage.

AMPHYTRION.

Laissant aux ennemis,

IVPPITER.

La mort, ou le seruage,

AMPHYTRION.

Vn fauorable vent,

N iij

IVPPITER.

Nous a rendus au port,

AMPHYTRION.

Me voicy de retour

IVPPITER.

Et voicy mon abord.

AMPHYTRION.

Mais chacun auiourd'huy,

IVPPITER.

Me semble mécognoistre.

AMPHYTRION.

Voila qu'vn suborneur,

IVPPITER, *mettant l'espéc à la main.*

Arreste, tu ments traistre.
Fay mieux faire à ta main, que ta bouche n'a fait,
Et du discours, enfin prouuons nous par l'effet.

AMPHYTRION.

Cette voye en effet est la meilleure preuue,
C'est par elle, qu'il faut qu'Amphytrion se treuue,

Et que i'oste la vie, à qui m'oste mon nom.
Donnons,

I. CAPP.

     Amphytrion, épargne Amphytrion.
Exerce ta valeur, ailleurs qu'à te détruire,
Veille, en d'autres plutost, encore te reproduire,
Tous deux épargnés vous, calmés cette fureur,
Ie conçoy le moyen de nous tirer d'erreur,
Vous, parlés le premier. Le iour de la victoire,
Qui sur les Taphiens, nous acquit tant de gloire,
Dequoy, de vostre part, receus-ie vn ordre exprés.

AMPHYTRION.

De faire sur le port, tenir des vaisseaux prests,

IVPPITER.

Où i'eusse mon recours, au cas de la deffaicte.

I. CAPP.

Et quellé autre ordonnance encore me fut faite,

AMPHYTRION.

Que mes coffres sur tout, conserués auec soing,

IVPPITER.

Ne nous puffent manquer, en l'extreme besoing.
                               I. CAPP.

I. CAPP.

Remplis de quel argent ?

AMPHYTRION.

De cent talens attiques.

IVPPITER.

De cent Ioniens, & de deux cents Perſiques.

I. CAPP.

Tous deux également diſent la verité,
Et me laiſſent confus par cette égalité.

IVPPITER.

A Quoy perdre le temps, qui me peut mécognoiſtre;
D'ou vient cet inſolent me diſputer mon eſtre,
Quel droit imaginaire, à cet audacieux,
De contredire Alcmene, & dementir ſes yeux;
Elle, que cete erreur, plus que toute autre touche,
Qui cette nuit encor, à partagé ma conche.

AMPHYTRION.

Qu'entends-ie? quelle iniure égale mon affront?
Et de quelle rougeur, ſens-ie peindre mon front?
Mais quoy, ne ſuis-ie pas cet Amphytrion meſme,
Qui feiſt Taphe l'obiet de ſa valeur extréme?

O

Arcanane, Telebe, & cent peuples diuers,
Que i'ay sousmis aux loix de Creon, que ie serts.

IVPPITER.

C'est moy, qui de mon pere ay vangé l'homicide,
Sur toute l'Achaye, & toute la Phocyde
Qui sur la mer agée ay conquis cent Vaisseaux,
Et laissé la frayeur, en l'empire des eaux.

AMPHYTRION.

Dieux! Qu'a t'il reservé? que peut il dire encore?
Ie doute qui ie suis, ie me perds, ie m'ignore,
Moy-mesme ie m'oublie, & ne me cognois plus.

I. CAPP.

Pour moy, puis qu'à ce point chacun reste confus,
Dans ces doutes enfin, l'aduis, où ie m'arreste,
Est de suiure celuy, chés qui la table est preste.
Qui de vous, nous a fait preparer le repas.

IVPPITER.

Moy, qui vous ay mandés.

I. CAPP.

Nous suiurons donc vos pas.
IVPPITER.

Entrons.

                    G

II. CAPP.

Pour ce reſueur, la porte ſera cloſe,
Qu'il medite à loiſir ſur la metamorfoſe.

AMPHYTRION.

Quoy cet affront encor, à tant d'autres eſt ioinct?

II. CAPP.

Point point d'Amphytrion, où l'on ne diſne point.

SOSIE

O qu'vn heureux effet ſuccede à mon enuie.

AMPHYTRION.

Quoy, par cet impoſteur, ma maiſon m'eſt rauie,
Mes valets, mes amis, ma famille, mon nom,
Et par Amphytrion, perit Amphytrion?
Non, non, à qui tout manque, il reſte du courage,
Et l'innocence enfin, ſurmonter a l'outrage,
Sans conſommer de temps, en friuoles diſcours
Allons de Creon meſme, implorer le ſecours,
Et par ſon aide, ioìnte à l'ardeur qui l'enflame
Faiſons plutoſt perir, valets, amis, biens, femme,
Enfans, parens, voiſins, honneur, charges, maiſon,
Que de cet affronteur ie n'aye ma raiſon.

ACTE V.

SCENE PREMIERE.

SOSIE, MERCVRE le battant.
SOSIE.

Ie suis mort! au secours, épargne moy de grace,
Sosie, helas! ta main sur toy-mesme se lasse.
Tu frappes sur Sosie, arreste, épargne toy.

MERCVRE.

Ce passe-temps me plaist, i'ayme à frapper sur moy.

SOSIE.

Trefue, au nom de Mercure, à ta valeur extréme,
Ie renonce à mon nom, ie renonce à moy-mesme,
S'il est vray, que Sosie ayme de soutrager,
Ie ne suis plus Sosie, épargne vn estranger.

MERCVRE.

Entre effrontément, & iusqu'à la cuisine,

C'est bien hayr ta vie, & chercher ta ruïne;
La cuisine, mon centre, & mon appartement,
Mon vnique sejour, mon Ciel, mon élement,
Traistre ie t'y rencontre, & ta mine affamée,
Vient des mets qu'on y dresse, excroquer la fumée;
Respecte la profane, & n'y rentre iamais,
Qu'asseuré d'en sortir en qualité de mets.
Et de laisser la vie, ou tu cherches à viure.

SOSIE.

Quel chemin, quel dessein, quel conseil dois-ie suiure.
Sosie infortuné.

MERCVRE.

Sosie?

SOSIE.

Arreste, non,
Battu, froissé, meurtry, ces titres sont mon nom
Puisque ie n'ay tendrons, muscles, veines, arteres
Ou ce nom ne se lise, en sanglants caracteres,
Nom fatal, nom maudit, dont ton bras est parrain.

MERCVRE.

Appelles tu maudit vn present de ma main.

SOSIE.

Ha! gardes tes presens, porte ailleurs tes caresses,

En faueur de quelqu'autre etalle tes largesses
Ta liberale humeur outrage en s'exerçant,
Et le bien que tu faits, accable en se versant.

MERCVRE.

Adieu, quand tu voudras, ce bras à ton seruice,
Te fournira tousiours vne heure d'exercice.

Il rentre.

SOSIE seul.

Le Ciel, traistre, sur toy répande tes bienfaits,
Et luy sois tu l'obiet des offres que tu faits.
Cesse, ma patience, éclatte, ma cholere,
Il m'est honteux de craindre, & lâche de me taire,
Reuien, qui que tu sois, ou sorcier, ou demon.
Reuien, ouy, ie soustiens que Sosie est mon nom.
Ha! de quelle fureur est mon ame saisie,
Ouy, ie suis vne, deux, trois, quatre fois Sosie,
L'ozerois tu nier? que dis tu là dessus,
Tu recules poltron, & tu ne parois plus?
Tu l'emporte d'adresse, & sçais que mon courage,
Se resout lentement, à repousser l'outrage,
Mais lors que ma cholere est preste d'éclatter,
Lâche, tu disparois, & sçais bien l'euiter.
Enfin, que resoudra ma creance incertaine
Au lieu de dissiper, le temps accroist ma peine,
Et ie commence enfin, non sans quelque raison,

A douter qui ie suis, d'où, de quelle maison.
Car pour quel interest, voudroit oster mon estre,
Ce Sosie incogneu, qui me fait mécognoistre,
M'enuieroit-il vn sort dont les fruits les plus doux,
Sont des veilles, des soings, des ieusnes, & des coups.
Non, mon ceruau troublé de quelque frenaizie,
S'est à tort imprimé ce faux nom de Sosie,
Ce nom, qui malheureux, entre tout autre nom,
Comme l'ambre la paille, attire le baston.
Mais quoy, qui suis-je donc? ha cette ressemblance,
Tient à tort si long-temps mon esprit en balance;
Conuaincons l'imposture, & conseruons mon nom,
Soyons double Sosie, au double Amphytrion.
Malheureux que ie suis, par vne loy commune,
Cherchons le malheureux, & suiuons sa fortune;
Compagnon de son sort, protegeons son soucy;
S'il perit, perissons, s'il vit, viuons aussi.

SCENE DEVXIESME.

IVPPITER, MERCVRE, EALCMENE,
CEPHALIE, LES CAPPITEINES,
IVPPITER.

Souffre que le deuoir, apres l'amour s'acquitte,
Et que ie rende au Roy, ma premiere visite.
Adieu, conserue toy, pour ce fruict precieux,

Qui va naistre à la terre, à la honte des Cieux,
Et dont i'oze prédire (& non sans cognoissance,)
Que Iupin, sera creul' Autheur de sa naissance,
Et qu'vn iour, ses exploits les moins laborieux,
Ne luy deuront pas moins, qu'vn rang entre les Dieux.

ALCMENE.

S'accomplissent vos vœux, le Ciel luy soit prospere,
Et pour comble de biens, qu'il soit digne du pere;
Allés, que peu de temps acheue vostre cour,
Et pressés le départ, pour presser le retour.
                    Elle rentre.

IVPPITER.

Vous, plus dieux, que mortels, viuãts foudres de guerre,
Nobles cœurs, que les cieux enuieront à la terre,
Quittés, enuers Creon, faites pour ses nepueux,
Vne trouppe de Chefs, dignes de vous, & d'eux.

I. CAPP.

Nés, pour viure & mourir dessous vostre conduitte,
Nous ne vous quittons point, agreés nostre suitte.

IVPPITER.

Non, vn point important y doit estre agité,
Qui me demande seul, pres de sa Majesté.
Et me deffend l'effet de vostre courtoisie.

                                        II. CAPP.

III CAPP.

Nous vous obeissons.

IVPPITER.

Adieu suy moy Sosie.

SOSIE.

Qu'Amphytrion enfin demeure Amphytrion,
Sosie soit Sosie, & chacun ait son nom.

SCENE TROISIESME.

LES III CAPP.

I. CAPP.

PLus sur ce que ie voy ie pense, & ie repense,
Et moins peut mon discours establir ma creance;
Cet accident si rare, & si prodigieux,
Est vn ieu de nature à la honte des yeux.

II. CAPP.

Mais l'enfer est autheur de ce desordre extreme,
A la honte plustost de la nature mesme.
Iugeons en sainnement; cet extreme rapport,
(A bien considerer) n'est point exempt de sort.

P

IIII. CAP.

Il faut laisser aux Dieux, iuger d'vne aduanture,
Qui ne nous touche point, & passe la nature;
Celle-cy me confond, mais ne m'empesche pas.
Mais, de quelle furie, il reuient sur ses pas?

SCENE QVATRIESME.

AMPHYTRION, SOSIE, Les gardes de CREON.
LES CAPPITEINES.
AMPHYTRION.

Voyés à quel soucy mon malheur vous oblige?
Quelle étrange aduanture égale ce prodige?
Lors que victorieux des ennemis du Roy
I'apporte icy la paix, i'ay la guerre chés moy.
L'ennemy que ie cherche au riuage Euboique,
Me cherche chés moy-mesme, & se rend domestique,
La reuolte, ce monstre à mes coups endurcy,
Me deuance au retour, ie la retreuue icy.
Creon par ma valeur, craint par toute la terre,
Voit ma propre maison me déclarer la guerre,
Chés moy-mesme étranger, ie retablis autruy,
Pour moy-mesme impuissant, i'execute pour luy,
Vainceur ie le reclame, & le soir, sa couronne,

Me preste le secours, qu'au matin ie luy donne.

CAPP. des Gardes.

Ce que vous nous contés est si prodigieux,
Qu'a peine en croirons nous le rapport de nos yeux,
Et que ie m'imagine aller à main armée,
Attaquer vn fantosme, vne ombre, vne fumée.

AMPHYTRION.

L'incroyable rapport de ces
A mesmes en sa faueur fait balan
A peine me cognois-ie, en ce desordre extréme,
Me rencontrant en luy, ie me cherche en moy-mesme,
Et ie me crois icy, bien moins qu'à la maison,
En ce tombant des sens auecque la raison:
Mais cette ressemblance, est assés confirmée,
Par le recent abus des chefs de nostre armée,
L'incertain iugement, que ces gens ont rendu,
Laisse encor à present, leur esprit suspendu;
Cette distinction ne leur est pas possible,
Et leur incertitude est encor inuincible,
Voyes, comme troublés par cet étonnement,
Ils ne peuuent asseoir, de certain iugement.

I. CAPP.

Que dit-il? n'est-ce pas de vostre courtoisie,
Que du port ce matin, amenés par Sosie,

Nous tenons le repas, qu'on à dressé chés vous.

CAP. des Gardes.

I'aydois à l'apprester, mais i'ay disné de coups.

AMPHYTRION.

Voyés-iusques ou va cette mécognoissance,
Ie leur estois present, mesme dans mon absence;
A qui ne ... fabuleux,
... auec eux
Que le feu ... sensible, & chés Alcmene,
Et fisse des festins, lors qu'i'estois en peine ...
Me ...

CAP. des Gardes

Ioignons nous, auançons, & cherchons l'imposteur.

II. CAPP.

L'artifice est subtil, quiconque en soit l'autheur.

AMPHYTRION.

Mourons, s'il faut mourir, mais qu'auec moy perisse,
D'vn si sensible affront l'autheur, & la complice.

CAPP. des Gardes.

L'honnesteté d'Alcmene, est hors de tout soupçon.

AMPHYTRION.

Elle à failly pourtant, d'vne ou d'autre façon

P ij

S'agiſſant de l'honneur, l'erreur meſme eſt vn crime,
Rien ne peut, que la mort, rétablir ſon eſtime.
Entrons, rompons, briſons, ſecondés mon deſſein,
Surprenons, s'il ſe peut l'adultere en ſon ſein;
Par tout, l'honneſteté repoſe à porte ouuerte,
Cette porte fermée, aſſeure encor ma perte,
Le vice ſeulement, ayme de ſe cacher,
La femme qui s'enferme, à deſſein de pécher.
Ioignés donc vos efforts, à ma iuſte cholere,
Frappons, briſons, entrons, conuainçons l'adultere.

Il frappe contre la porte.

Là il ſe fait vn horrible tonnerre.

I. CAPP. tombant.

Quel effroyable bruit, accompagné d'éclairs,
Trouble, & change ſi toſt, la region des airs.

AMPHYTRION.

Qu'entends-je? helas! quels Dieux faut-il que ie reclame?
La terre ouure ſon centre, & le Ciel eſt de flame.

SOSIE.

Terre, Ciel, hommes, Dieux! qui me vient ſecourir?
Quoy, puis-je en meſme iour, & doubler, & perir.

Tout tombent eſuanouys.

P iij

SCENE CINQVIESME.

CEPHALIE, fort effrayée, & dit.

Qvel effroy, quelle horreur, quel bruit, quelle
    épouuante,
Reſpiray-ie le iour? ſuis-je morte, ou viuante?
Ou vay-je? que deuiens-je? ou ſera mon recours,
Le Ciel meſme, peut-il m'apporter du ſecours.
Mais, ce grand bruit, enfin, calme ſa violence,
Les Cieux ont à la nuë, impoſé le ſilence.
Cet ordre rétablit mes ſentimens perclus,
Et l'horreur du trépas, ne m'épouuante plus.
O Dieux! quelle frayeur fiſt iamais tant de peine,
Et dans quel appareil, le Ciel viſite Alcmene;
Mais qu'apperçois-je, helas! de quel nombre de corps,
A le tonnerre, accreu le triſte rang des morts.
Amphytrion, eſt mort, & de cette tempeſte,
Ses lauriers infinis, n'ont pû ſauuer ſa teſte.
La mort les a changés, en de triſtes cyprés,
Pour le mieux recognoiſtre, approchons en plus prés.
Mon maiſtre, Amphytrion.

COMEDIE.

AMPHYTRION.

Ie suis mort, qui m'appelle.

CEPHALIE.

Soit benie, ô Iupin! ta puissance immortelle.
Qui des coups de ton foudre, à garanty son sort.
Amphytrion, parlés.

AMPHYTRION.

Que veux-tu ? ie suis mort,

CEPHALIE.

Leués vous,

AMPHYTRION.

Qui me tient.

CEPHALIE.

Moy, vostre Cephalie.

AMPHYTRION se leuant.

De quels traits, sans mourir, est ma vie assaillie!
Quoy, ie revoy le iour ?

CEPHALIE.

Rasseurés vos esprits,

LES SOSIES,

D'vne egale frayeur nous estions tous surpris.
Mais vn bon calme enfin succede a cet orage.

LE CAP. des Gardes.

Quel charme, de nos sens, nous suspendoit l'vsage?
Reuoyons nous le iour!

I. CAPP.

Dieux? qu'est-ce que ie voy.

II. CAPP.

Conseruons nous la vie, apres vn tel effroy?

SOSIE

Quoy, nous n'en mourons pas? ie croyois que la ter-
re,
Dessous les coups du Ciel, se brisoit comme verre,
Et ne pourroit sauuer vn de ses habitans!
Mais, qu'a ce grand orage, il succede vn beau temps!

CEPHALIE.

Quand vn Dieu veut en terre annoncer sa venuë,
C'est ainsi qu'il emeut, il fait parler la nuë,
Oyés, par la merueille arriuee en ces lieux,
Combien vostre maison, doit estre cher aux Dieux.

AMPHYTRION.

AMPHYTRION.

Dy tost, donc, haste toy de me tirer de peine.
Mais, me reconnois-tu?

CEPHALIE.

Ouy, pour mary d'Alcmene.

AMPHYTRION.

Voy bien.

CEPHALIE.

Ie vous voy trop.

AMPHYTRION.

Ne t'abuses-tu point.

CEPHALIE.

Croyés vous que la peur m'ait troublé à ce poinct?

AMPHYTRION.

Qui suis-je?

CEPHALIE.

Amphytrion

AMPHYTRION.

De toute ma famille,
La raison est restée, à cette seule fille,

Q

AMPHYTRION.

O dieux !

CEPHALIE.

Ne craignés rien, luy ses langes forcés,
Tant qu'à son petit corps, ne restat nul obstacle;

AMPHYTRION.

Que dit-elle, bons Dieux, qui croyra ce miracle?

CEPHALIE.

Les prend, les presse au col, & leur fait à tous deux,
Faire au tour de ses bras, cent replis tortueux.
De leur col allongé sort vne jaune baue
Qui coule entre ses doigts, & tout le bras luy laue,
Il serre enfin les mains, redouble ses efforts,
Et tous deux étouffez, à terre tombent morts..

AMPHYTRION.

Dieux ? par ton seul recit, leur venin m'est funeste,
Ce seul discours me tuë.

CEPHALIE.

           Ecoutez donc le reste..
Alcmene, entre la peur, & l'admiration,
Ayant veu, comme nous, passer cette action,
O Dieux, a-t'elle dit, quelle est cette auenture ?

Et qui la fera croire à la race future ?
Quel sera cét enfant, si grand, & si petit ?
La d'vne claire voix, la chambre retentit.
Et ces termes distincts, ont frappé nos oreilles,
Cét enfant sera Dieu, tous ses faits des merueilles,
La gloire son objet, l'Vniuers sa maison,
Son pere est Iuppiter, qu'Hercule soit son nom.
A cette voix succede vn horrible tonnerre,
I'ay veu le Ciel s'ouurir, j'ay veu fendre la terre;
Le feu, les ondes, l'air, & tous les Elemens,
Sans ordre, se font veus hors de leurs fondemens,
Et ie croyois desia toucher ma sepulture
Dans ce commun débris de toute la nature,
Ie courois effrayée, & fuyois sans dessein,
Lors que la terre, enfin, a r'affermy son sein.
Les Cieux se font fermés, l'air est resté tranquille,
Ma frayeur sans effet, & ma fuitte inutile.

AMPHYTRION.

Ie plaindrois mon honneur d'vn affront glorieux,
D'auoir eu pour riual, le Monarque des Dieux,
Ma couche est partagée, Alcmene est infidele,
Mais l'affront en est doux, & la honte en est belle,
L'outrage est obligeant ; le rang du suborneur,
Auecque mon iniure, accorde mon honneur.
Mais quel nouuel orage, à ce calme succede
O dieux, Maistre des Dieux, je reclame ton ayde.

Vn nouueau tonnerre s'entend.

Q iij

Dont les vns , ne pourront alterer la memoire.

1. CAPP.

Pour tout dire, en deux mots, & vous feliciter,
Vous partagés, des biens , auecque Iuppiter.

Tous s'en vont.

SOSIE.

Cét honneur, ce me femble, eft vn trifte aduantage,
On appelle cela, luy fuccrer le breuuage ;
Pour moy i'ay de nature vn front capricieux.
Qui ne peut rien fouffrir, & luy vint-il des Cieux,
Mais, j'ay trop, pour mon bien, partagé l'aduenture,
Quelque Dieu bien maling, auoit pris ma figure,
Si le bois nous manquoit, les Dieux en ont eu foing,
Il nous en ont chargez, & plus que de befoing.

FIN

Il reçoit l'eftre, l'ame, & naift prefque à la fois,
Et pouuant tout fur la nature,
I'en romps l'ordre, en cette aduenture,
Et faits faire à trois nuits, l'office de neuf mois;

Deux horribles ferpens, étouffez par fes mains,
Ont defia marqué fa naiffance,
Et qu'homme d'immortelle effence,
Il paffe en dignité le refte des humains:

Qu'Hercule foit le nom de ce jeune Heros,
Que par luy, chacun te reuere,
Chery le fils ayme la mere,
Et poffede auec elle, vn paifible repos.

Il remonte au Ciel.

AMPHYTRION.

Cét agreable charme, eft enfin diffipé,
Qu'à benir le charmeur chacun foit occupé,
Alcmene par vn fort à tout autre contraire,
Peut entre fes honneurs, conter vn adultere,
Son crime la releue, il accroift fon renom,
Et d'vn objet mortel, fait vne autre Iunon.

LE CAPP. des gardes.

Ce que vous auez craint, vous comble d'vne gloire,

Dont les vns, ne pourront alterer la memoire.

1. CAPP.

Pour tout dire, en deux mots, & vous feliciter,
Vous partagés, des biens, auecque Iuppiter.

Tous s'en vont.

SOSIE.

Cét honneur, ce me semble, est vn triste aduantage,
On appelle cela, luy succrer le breuuage;
Pour moy i'ay de nature vn front capricieux.
Qui ne peut rien souffrir, & luy vint-il des Cieux,
Mais, j'ay trop, pour mon bien, partagé l'aduenture,
Quelque Dieu bien maling, auoit pris ma figure,
Si le bois nous manquoit, les Dieux en ont eu soing,
Il nous en ont chargez, & plus que de besoing.

FIN